THE FIDDLE ROSE

Portrait of Abraham Sutzkever by Marc Chagall.

THE FIDDLE ROSE

Poems 1970-1972

Abraham Sutzkever

Selected and translated by Ruth Whitman

DRAWINGS BY MARC CHAGALL

Introduction by Ruth R. Wisse

 WAYNE STATE UNIVERSITY PRESS   DETROIT   1990

PJ
5129
.S86
F513
1990
15-1875
may 1991

Library of Congress Cataloging-in-Publication Data

Sutzkever, Abraham, 1913–
  [Fidlroyz. English & Yiddish]
  The fiddle rose : poems, 1970–1972 / Abraham Sutzkever ; selected
and translated by Ruth Whitman ; drawings by Marc Chagall ;
introduction by Ruth R. Wisse.
      p.   cm.
  English and Yiddish.
  ISBN 0-8143-2001-5 (alk. paper). — ISBN 0-8143-2002-3 (pbk. : alk.
paper)
  I. Whitman, Ruth, 1922–   . II. Title.
PJ5129.S86F513   1990
839'.0913—dc20   89-70462
                                                          CIP
                                                          HE

Grateful acknowledgment is made to the Morris and Emma Schaver
Publication Fund for Jewish Studies for financial assistance in the
publication of this volume.

Other Books by Ruth Whitman

TRANSLATIONS
The Selected Poems of Jacob Glatstein
An Anthology of Modern Yiddish Poetry (bilingual)

POETRY
The Testing of Hanna Senesh
Permanent Address: New Poems 1973–1980
Tamsen Donner: A Woman's Journey
The Passion of Lizzie Borden: New and Selected Poems
The Marriage Wig and Other Poems
Blood & Milk Poems

ESSAYS
Becoming a Poet: Source, Process, and Practice

Contents

Acknowledgments

I want to express my thanks to Professor Robert Szulkin of Brandeis University, for his sensitive and valuable assistance in checking my translations; to Paula Parsky for her initial assistance in translation; and to Professor Ruth Wisse for her painstaking and expert help in making a final check of my selections. My thanks also to Abraham Sutzkever who first suggested that I translate *The Fiddle Rose* and who gave permission to use the illustrations by his friend Marc Chagall. I am also grateful for six weeks at Yaddo, where I first began these translations, and for a grant from the Brookline Arts Council in order to complete the book.

Some of these poems first appeared in *Bridges*, the *Graham House Review*, the *Massachusetts Review*, *Present Tense*, and *Tikkun*. "Prayer for a Sick Friend" first appeared in the *New Yorker*.

Introduction

Ruth R. Wisse

A country or a state should endure longer than an individual. At least this seems to be in keeping with the order of things. Today, however, one is constantly running across survivors of various Atlantises. Their lands in the course of time are transformed in memory and take on outlines that are no longer verifiable.

Whomever Czeslaw Milosz may have had in mind in making this observation, it certainly holds true for his compatriot and friend, the Yiddish poet Abraham Sutzkever, a survivor of the same Lithuanian Atlantis (though of a very different sector) as Milosz himself. Sutzkever, two years the younger, grew up in the Lithuanian capital of Vilna between the world wars and survived the destruction of its Jewish ghetto in 1943. His own image for the watery grave of his lost Atlantis is that of a green aquarium, where all the people of his former life swim in perpetual fluid music. One can at any time observe this land that has been transformed into memory, and even place one's lips against the glass, but any attempt to penetrate or repossess the past will shatter the fragile remains.

This is a slightly altered form of an article that was first published under the title "The Last Great Yiddish Poet?" in *Commentary*, November 1983, pp. 41–48.

Although Sutzkever is not yet fully accessible to the English-reading public, he has long been renowned among his fellow poets and among educated Jewish readers. In 1983 the National Library in Jerusalem mounted an exhibition devoted to his life and work, and issued one of several commemorative publications in honor of his seventieth birthday. Sutzkever's biography is so intricately intertwined with the major events of Jewish history that he has often been accorded semi-legendary status as a 20th-century Jewish pilgrim. He also plays a pivotal role in the development of contemporary Yiddish belles-lettres, since for thirty-five years he has been the editor of *Di goldene keyt* ("The Golden Chain"), the most prestigious Yiddish journal in the world.

Sutzkever himself has offered a wry comment on his own survival, when so many others have perished. He tells the story of Moyshe Itzke, the oddest of the writers and artists in Vilna during the 1930's. This young man used to be confined to a mental hospital for several months of the year, and bursting with creative energy the rest of the time. One day he came to Sutzkever with the news that he was immortal. Sutzkever, trying to deal reasonably with a madman, pointed out that of the three men Moyshe Itzke most admired—Dostoevsky, Napoleon, and Moses—Dostoevsky managed to cheat death but once, Napoleon died in shameful exile, and Moses was not even accorded entry into the promised land. Moyshe Itzke was stumped for only a moment before he replied, "Well, someone's got to break through!" By this order of desperate madness must the survival of an individual Vilna Jew be judged.

Sutzkever's remarkable productivity during and since World War II may of course be seen as a sign of Jewish national regeneration: he has written several major poems on the subject. But this is only the shallowest level of his work. From his beginnings as an artist, Sutzkever was fascinated by the regenerative powers of poetry—another threatened species of our time. Indeed, one can think of few modern poets prepared to make so great a claim for their craft. In sharp contrast to those for whom silence is the appropriate human response to the barbarism we have borne in our century, Sutzkever has identified poetry as the reliable counterforce to all that destroys. Particularly during the Holocaust, when every known moral scruple was crushed beyond recognition, the reality of a good poem remained beyond anyone's destructive perversity. In a private reckoning Sutzkever has even attributed his very life to his literary faith: "As if the Angel of Poetry had confided to me: 'The choice lies in your hands. If your poem inspires me, I will protect you with a flaming sword. If not—don't complain. My conscience will be clean.' "

No one but Sutzkever is empowered to judge whether his survival is due to the saving grace of poetry, but certain facts of his biography are beyond dispute. After the liquidation of the ghetto in September 1943, Sutzkever, then a member of a partisan unit in the Narotsh Forest outside Vilna, was flown to Moscow by the Jewish Anti-Fascist Committee of the Soviet Union as a symbol of resistance to Nazism. Ilya Ehrenburg, one of wartime Russia's most influential writers, published an article about Sutzkever in *Pravda* that brought the poet thousands of letters from readers throughout the country who found in it assurance that something of Jewish value, of human value, had been salvaged. On the strength of his reputation as a poet, Sutzkever was chosen to testify as witness for Russian Jewry at the Nuremberg trials after the war (Vilna having been absorbed by the Soviet Union). He received a decoration from Stalin, and while neither this nor the deposition of evidence at Nuremberg could give him much satisfaction, he was able to use his position of honor during his two years in Russia to bring tangible aid to many individuals who in turn attribute their survival to his.

The power of art cannot ultimately be proved by its practical effects, but it is worth knowing about a poet who believes that poetry saves lives. What would the suicide web of modern American poets make of such a notion?

Sutzkever was the son of two happily-paired descendants of the Lithuanian Jewish intellectual aristocracy who settled down after their marriage in Smorgon, near Vilna, and had three children, the youngest, Abraham, in the summer of 1913. His mother was the daughter of the Mikhalishok rabbi, with a many-branched genealogy of scholars; his father, who had inherited a leather factory, preferred to spend his time studying and teaching. The sudden outbreak of war forced the family to flee, seeking refuge in Omsk, in southwestern

Siberia. When his father died there in 1922, Sutzkever's widowed mother returned with her children to Vilna, now part of the newly formed Polish state.

Jewish Vilna between the wars was a community of some 65,000, about a third of the city's total population. Vilna's economic stagnation prompted Milosz to describe it as Europe's "other side of the tracks"; Jewish advancement throughout the new Polish state was further curtailed by restrictive nationalist policies. Perhaps by way of partial compensation for their political and economic disabilities, Jews were feverishly active in their own social and cultural spheres. Sutzkever was educated and influenced by many new institutions that were created to adapt traditional Jewish patterns to the demands of the secular atmosphere: he attended a Hebrew-Polish high school; became a member of the Jewish Scouts; read independently at the public Jewish Strashun Library; later studied old Yiddish poetry at the YIVO Institute for Jewish Research that was founded in Vilna in 1926 as a center of research and scholarship. To satisfy his maturing interest in literature, he also sat in on classes at the university, and learned Russian in order to read Pushkin. He began writing poetry as a teenager; his first poem was published in the Scouts' magazine.

The 1930's were the most intensely political years of Yiddish culture, nowhere more so than in Poland. Sutzkever's friends tried to draw him into their political activities—on one side the Socialist Territorialists, who sought for Yiddish a key role in autonomous Jewish lands which, they proposed, should be established wherever Jews were concentrated in sufficient numbers; on another side the larger group of Soviet sympathizers. Vilna's most beloved Yiddish poet, Moishe Kulbak, had set the tone by moving to the Soviet city of Minsk in 1928. While the Communist party was outlawed in Poland, it represented for many young Jewish intellectuals the obvious alternative to the poverty and anti-Semitism that were their lot under nationalist Polish rule.

The local artistic and literary coterie, *Yung Vilna*, of which Sutzkever aspired to be a member, was outspokenly political in its public voice. Most of its affiliated writers happened to be neighbors and friends of the young poet, but they did not want to accept him because of the esoteric quality of his verse. Shmerke Kaczerginski, a young firebrand who was admitted into the group about the time that Sutzkever was refused, later regretted his attitude yet recalled its logic: "I was then busy hanging red flags on telegraph wires, hurling proclamations at military installations, calling fathers, mothers, and children to the barricades," he wrote, echoing phrases from his poetry of the period, poetry that was set to music and widely sung. He had tried to persuade Sutzkever that the times were of pure steel not crystal (*loyter shtol un nisht krishtol*), demanding of the artist a commensurate grasp of reality.

In this atmosphere of cultural activism Sutzkever came on the scene as the sunniest wordsmith, delighting in the formation of new Yiddish words and in the redemption of old ones, surprising the language with untried rhymes and verbal effects. Between man and nature he always aligned himself with nature, his model of fecundity and goad to his own inventiveness. His lack of concern with politics was not the product of any personal ideological position but rather the result of a romantic temperament and of a concentration on art that left no room for temporal distraction. It does seem, however, that he conceived of poetry from the very outset as an antidote to history, not the midwife his fellow artists would have made of it. Poetry alone, for Sutzkever, possessed the imaginative capacity to resist the forces of death and the pressures of daily care that would blacken human joy.

Sutzkever found the source of poetry in his childhood, or rather in his myth of childhood, which he developed in a cycle of poems about his early years in Siberia that he began writing in 1935. By any objective standard those years had been grim. For the refined young couple with their three small children the several-thousand-kilometer trek from their home in Smorgon to unknown Omsk in Siberia must have been the start of a frightening exile. In fact, exile had been the founding condition of the Jewish community of Omsk, whose first settlers were the Jewish children seized for military service in the reign of Czar Nicholas I and transported to a region far enough from home to discourage all thought of return. Some of these cantonists, as they were called, had been joined by other Jewish refugees later in the century and established in Omsk a few synagogues and schools. It was perhaps in one of them that Abraham Sutzkever had begun to study when he was five.

The family had lived in hardship. The father, in failing health, gave lessons in Talmud to sons of local merchants while his own children helped the traders in the market. The whole family had fallen ill of typhus apparently as the result of Abraham's investigation of a dead soldier in the snow. The local economy had deteriorated during the anarchy that followed the October Revolution, when Omsk was for a time part of the territory that resisted Bolshevik rule. When the father died (in 1922), and the family returned home, their Siberian legacy lingered on: the intense frost that had afflicted Sutzkever's sister with inflammation of the brain was responsible for her death at the age of fourteen, three years later.

Of this unhappy stuff, and at a long remove from the bare facts, Sutzkever spun a splendid story of his birth as a poet. Siberia he considered to be the origin of all the beauty of the world, a treasure dome like Kubla Khan's, of sharply engraved sound and sensation, a frozen Eden:

> Sunset over icy blue roads
> Colors suffuse my mood. A little hut
> Shines across the way in the valley,
> Covered with a flurry of sunset.
> Amazing forests sway against the panes;
> Magic sleighs go ringing by.
> Doves coo in the attic, coo my face
> Out of its shell. Beneath the ice,
> Striped with flashes of lightning crystals,
> The Irtish ripples as if it were not real.
> And there, under hushed cupolas,
> A seven year old child—a world—grows tall.
> (Translated by Chana Bloch)

The rest of the long poem "Siberia," of which this is the opening stanza, shows the poet hatched in his landscape of wonder, as fully formed in his seventh year, and as untried, as God's own world on the seventh day of creation. He revels in the discovery of bears, wolves, doves, and Kirghizian camel drivers with whom he shares the timeless, endless steppe; and he in turn, in his suit of skin, is the plaything of nature, the little snowman of the bright North Star.

Of all his earthly relatives, Sutzkever included in this little epic only his father, who is described slicing black bread with a merciful knife, taking his young child out to the forest to chop firewood, and playing the fiddle so vibrantly by moonlight that a wolf is drawn to the window "to sniff at the flesh of the music." The illustrations by Marc Chagall that accompany the text in the English, Hebrew, and Yiddish editions of this work remind the reader, somewhat shockingly, how much of a Jew the father was, in his black caftan and beard; in the poem there is nothing to suggest Jewish custom, least of all the father's death—an exchange of one small hut above the earth for a smaller one beneath it. The boy considers following his parent to his new home, and is only lured back to life by the competing brilliance of the evening sun.

As Sutzkever presents it in this poem, and in many another, Siberia is the uncharted region where the poet, like the child before him, begins life as a pagan, moved to awe by each successive manifestation of nature (rather than by nature's God). Siberia allows for the confessional joy of the spirit while it is still free to burst with sensation, before it is claimed by civilization. The poems of Siberia, representing the experience of a seven-year-old, do not have to take into account community or causality; they are pre-Jewish, presocietal, the work of Abram before he becomes the patriarch Abraham. The myth of what Sutzkever calls his "blond beginning" permits the poet to enjoy the raw excitement of the created world without having either to acknowledge or, more significantly, to repudiate any of the historical or cultural constraints that ought to have bound him as a Jew.

There is nothing in modern Jewish literature quite as free as Sutzkever's exploration of Siberia. True, Yiddish and Hebrew fiction from the mid-19th century on is filled with images of boys who find in nature—in a summer storm, a neighbor's garden, the rush of a river, a frolicking calf—escape from the confinement of parental expectations, but their love of beauty and play soon comes into conflict with the controlling impulses of the culture. In this body of writing, adults typically insist on moral self-perfection to the exclusion of everything else, especially the life of art. In a story by Sholem Aleichem, for example, a father tries to prevent his son from playing the violin because he should be devoting himself to study. When the father learns that his son has disobeyed, he suffers a stroke; the boy capitulates to the ban. In the legend Sutzkever spins, by contrast, the scholarly father is himself revealed as an inspired Jewish fiddler, who bequeathes to his son a legacy of divine service through music. In this way the transition from generation to generation, instead of being fraught with conflict, is made to appear seamless, innocent of rebellion, so natural that one does not even notice that the father's religion has disappeared, and art has taken its place.

Obviously, then, the attempts of Sutzkever's colleagues in *Yung Vilna* to sharpen his social awareness were doomed to fail; for him, the very function of a poem was not to present or to protest meanness, but to subvert it. He seems, moreover, never to have doubted his own abilities along these lines, and his faith was vindicated when the group called the Introspectivists accepted several of his poems and invited him to become a regular contributor to their magazine in New York. On the strength of this endorsement from overseas, the Warsaw Yiddish PEN Club put out Sutzkever's maiden volume, *Lider* (in 1937, two years after it published the first novel of Isaac Bashevis Singer, *Satan in Goray*).

Still, recognition of Sutzkever's talent did not imply recognition of the direction it took, and until the outbreak of the war he was considered an anomaly in the general atmosphere of literary engagement. When the Red Army took Vilna in 1939, Sutzkever was in the process of preparing a modern verse rendition of the 16th-century Yiddish classic, the *Bovo Bukh*, an adventure poem of courtly love and prowess. He regretted that the crashing thunder was drowning out the sounds of his harp.

Then, in 1941, came the German invasion and with it the incarceration of Vilna's Jews in the ghetto. Everyone who had known and read the young Sutzkever marveled at the unexpected stamina he showed during the following years. The "Ariel" of Yiddish literature, as he was known, became an important cultural presence in the ghetto and an active member of the underground. Sutzkever's colleague Chaim Grade, the poet and (later) short story writer and novelist, escaped with the retreating Red Army when the Germans invaded, and spent the war in Russia; he spoke later of the cunning of providence that had placed Sutzkever in hell just to see whether he, chief celebrant of nature's festive harmony, could not be crushed. Grade wrote this in salute to the double miracle of Sutzkever's physical survival and his ability to maintain his artistic balance.

From our present vantage point we may see things a little differently. If it were possible at all to maintain artistic balance under ghetto conditions, Sutzkever would have had the advantage over his colleagues, since his art had never been subject to "temporal" definition. For those writers who believed solely, or even largely, in the material basis of life and literature, the humiliating changes imposed on the Jews under German occupation required a total reconsideration of the human state, a reconsideration made more difficult by the occupiers' policy of confounding in order more easily to destroy their victims. Sutzkever's vision of a metaphysical harmony that subsumes human life within a much wider embracing arc helped to shield him from the degradation, even if it could not fully protect him from the danger of German whim. Because poetry, for him, had always been an inspired partnership with the creative impulses of nature, it continued even under the Nazis to remain immune to political dictation, to become in fact a demonstrative repudiation of such dictation.

Sutzkever resisted in both word and deed. For over a year he worked at the headquarters of Alfred Rosenberg, promulgator of the Nuremberg Laws, who had come to Vilna to destroy, along with vestiges of the Jews, the last traces of their culture. Under orders to pack Jewish books and cultural treasures for shipment to Germany, Sutzkever organized his colleagues to smuggle out the most valuable manuscripts and even pieces of sculpture for buried safekeeping and eventual retrieval. This work was extended to the smuggling of arms from the Aryan side into the ghetto soon after the Jewish resistance was formed in January 1942.

Under circumstances that remain unimaginable even when they have been documented, Sutzkever also continued to write verse and to organize cultural evenings that did much to sustain communal morale. In the diary of one ghetto inmate we find the following entry:

> In the presence of fifteen of the most respected writers and artists Sutzkever read his new poem, *Dos keyver-kind* ["The Grave-child"]. . . . This dramatic chronicle contains a good deal of visionary lyricism. After the author had read his poem there was a very long period of silence before anyone spoke. The immediacy of these dramatized events, the form of the composi-

tion and its greatness, had the effect of closing everyone's lips. Only after the first speaker managed to break the silence did a discussion begin that continued for three hours. I think that this was the first ghetto evening of exalted creative inspiration.

The poem that had its premiere that evening won the ghetto's literary prize for 1942.

A recurring subject of Sutzkever's ghetto poetry is the expression of individual dignity in small but meaningful acts:

> Because he wanted to smuggle a flower through the ghetto's
> gate
> my neighbor paid the price of seven lashes.
> How precious it is to him now—this blue
> vernal flower and its golden pupil!
> My neighbor bears the mementos with no regrets:
> spring breathes through and colors his tortured flesh—
> that's how much he wanted it to flourish.
>
> (Translated by Seymour Mayne)

Since death has taken the place of life as the normal condition of the ghetto, every link established with nature becomes proof of one's right to exist as a part of it. The neighbor's martyrdom elevates both flower and spring to a sanctified status they would not otherwise achieve. A flower simply flourishes; only man can determine its value and thereby affirm his own.

All the splendor of creation that Sutzkever celebrated before the war contracted during the ghetto years into tiny reminders of nature's resourcefulness and resilience. In unlikely signs, such as a warming mound of horse manure or the reflection of moonlight on a sliver of glass, nature sends the poet the conspiratorial message that it will not finally be dominated by these human conquerors, no matter how thorough their destructive sweep.

One puzzling feature of Sutzkever's writing during the war is its formal regularity. Some readers, expecting a breakdown of structure due to the pressure of the subject, have expressed surprise at the recurring inclination to classical meter and perfect rhyme. The poems clench themselves tightly, insistent on closures, pitted by their elegance against all that would grind them into formless oblivion. The same *play* with language is also irrepressible here. Sutzkever is a master of rhyme, linking apparently disparate features of language in a show of wit, forging unity where none has been evident. It often seems as if he were marshaling the formal grace of poetry against the surrounding rot, using rhyme above all, the tiny man-made miracles of pairing, as a barrier against chaos.

Not survival but resistance is the theme of Sutzkever's ghetto poems. Hiding in a coffin during a roundup of able-bodied Jews, he writes a poem to his dead sister, long since resident in a coffin, and by so doing momentarily proves his victory over the "wooden clothes" in which he has been made to lie. Left bleeding by sadistic storm troopers in a ditch of lime, he reinvents the spectacle of red flowing into white as a sunset, and one of his own making.

One begins to understand how Sutzkever transmitted such a sense of strength during the war, and how he maintained it himself. Encasing the man within the poet, he became virtually indestructible, the way a poem, vulnerable during the capricious process of its creation, becomes obdurate and intractable once finished. Sutzkever's "I" gradually assumed an impersonal quality; the struggle his poetry records was not the flailing motion of a man trying to keep himself alive but the struggle of the artist to surmount earthly constraints and remain intent on the moral order of beauty. Indeed, in this attempt at hard self-control something personal was inevitably forfeited. Sutzkever suppressed the worst aspects of his experience, and with this, remarkably, some of the strongest poems he wrote while in the ghetto. Until very recently he kept hidden (he says he forgot) certain poems that deal with incidents of great shame, reluctant to admit into his finished work the defeat that his poetry hoped to deny.

It is paradoxical that a prose history, *Of the Vilna Ghetto*, written by Sutzkever immediately after the war in order to record as many details as he could recall and corroborate, should contain more spontaneous expressions of his mood and thought than the lyrics dealing with some of the very same experiences. Like so many of his fellow survivors, he was obsessed by his duty to keep the record, in order to help prosecute the criminals and—perhaps even more important—to pay tribute to the brave. But while a witness may swear to tell the truth and nothing but the truth—swear, that is, to limit himself to empirical data—as a poet Sutzkever was dissatisfied with the sort of evidence that would do no more than confirm the annihilation of his world.

Sutzkever realized, while still in the ghetto, that unless he were exceedingly cautious, the angle of vision granted him as a Jew would make him an intolerable witness. He was faced with perpetual evidence of Jewish degradation, and almost never with its source in German abominations. The strategists of evil made only occasional forays into their dominion: it was the changing face of the victims that one saw, and whoever became the recorder of this damage was in danger of providing exhibits for the postwar museum of Jewish degeneracy that Hitler intended to build.

Apart from his book on the Vilna ghetto and his testimony at Nuremberg, Sutzkever has refrained from speaking in public about the events that oppress him most; to this day he grants no interviews. Whatever can be transmuted into poetry is gradually exposed. For the rest he points to an impossible imbalance in the effort to communicate the reduction of human value to those who did not know it on their flesh.

It was Sutzkever's fate to survive a second Jewish catastrophe after he was brought to Moscow in 1944. Between the German invasion of Russia in June 1941 and the end of the war, the Jews of the Soviet Union (as opposed to those under Nazi rule) enjoyed a relative normalcy; that is, they suffered only the terrible hardship of their Russian countrymen without accumulated Jewish disabilities. During this interval the Soviet Yiddish writers and artists gathered in the officially-sanctioned Jewish Anti-Fascist Committee brought Sutzkever to Moscow as a part of their rescue effort. The knowledge that Jews and Russians were now facing a common enemy made it permissible for Jewish writers to express a national purpose—something they had been forbidden to do for a decade—and Yiddish culture, which had been stifled in the Soviet Union, experienced a brief revival.

In Moscow Sutzkever befriended many Russian writers, including Boris Pasternak who translated several of his poems. He was deeply affected by his encounters with the major figures of Soviet Yiddish culture—the actor-director Shloime Mikhoels, the poets Peretz Markish and Dovid Hofstein, the novelist Dovid Bergelson—all of whom were trying under precarious conditions to resume an active creative life. In 1948, the worst fears of these men were realized when

Mikhoels was murdered, at the order of Stalin, in a staged accident. Shortly afterward all the leading Jewish intellectuals and artists were arrested and imprisoned until their execution in August 1952. As a Polish refugee, Sutzkever had the good fortune to be repatriated in 1946, going first to Lodz and from there, in early 1947, to Paris. He thus became the poignant witness to the loss of a second "Atlantis," whose inhabitants continue to people his work.

Before leaving Poland, Sutzkever managed to complete, under Communist threat, the rescue of Jewish cultural treasures he had undertaken under the Nazis. He unearthed the materials buried during the war and had them smuggled out of Russia, at great risk, to New York City, where they constitute the Sutzkever-Kaczerginski Collection of the YIVO Institute for Jewish Research. As the historian Lucy S. Dawidowicz has pointed out, this collection includes material that had not existed when the YIVO flourished in Vilna: Sutzkever and Kaczerginski gathered an extraordinary archive of documents in the ghetto itself that was transferred clandestinely to New York along with the older salvaged books and manuscripts.

Sutzkever spent half a year in Paris, a postwar meeting point of survivors. But then unlike the majority of Yiddish writers who preferred to stay on in Europe or move to America, he went to Palestine. He arrived as part of the illegal immigration of 1947 and in the same year that the state of Israel was created he founded the Yiddish journal named appropriately *The Golden Chain*, emblem of Jewish continuity. His establishment in Israel of the most carefully edited of all Yiddish literary publications helped to initiate a change in the country's linguistic politics, gaining recognition for Yiddish where it had been, at best, grudgingly tolerated, and in turn winning recognition for Israel as a center of Yiddish high culture.

There is a certain parallel between Sutzkever's invention of himself as child of the Siberian steppe and his avid exploration of the Israeli desert soon after his arrival in the country. In the vastness of the Negev and the Sinai he found something akin to the stretches of Siberia, space where a solitary observer could once again take his bearings in the scheme of things. The landscape might no longer elicit the joys of virgin discovery, but the lasting imprints of the past that one found everywhere in the desert gave solace to a survivor of lost civilizations:

> The sunset grew bold: it insisted on staying
> In the Red Sea at night, when the innocent pink
> Young fauns delicately make their way
> Downhill to the palace of water to drink.
>
> They leave their silken shadows on the shore,
> Bending to lick the rings of coolness
> In the Red Sea, with long fiddle-faces. And there
> They are betrothed at last to the silence.
>
> And then—they run away. Rosy flecks
> Animate the sand. But the sunset deer
> Stay behind in the water, mournful, and lick
> The silence of those that are no longer there.
> (Translated by Chana Bloch)

This lyric, "Deer at the Red Sea," consecrates a moment of rare natural beauty, rendered in words of innocence, delicacy, refinement. Like enchanted fairy-tale princesses who unite only fleetingly with their lovers, the deer, a gentle tribe, suddenly vanish, leaving only their haunting reflection. The romance of this poem begins in material substance, fauns coming to quench their thirst in the lingering evening, and ends in metaphysics, the attachment of sound to echo, of all that is temporarily manifest in life to all that is thereafter absent. Yet mourners who have absorbed a vanished presence may continue to draw sustenance from it long after its physical disappearance. Much in the same way, this poem keeps alive its subject, no longer there in the flesh. Sutzkever's absolute faith in poetry as a timeless proving of earthly existence generates strong hints of a God who is no longer present within His created world. But mournful creatures, graced by His image—poets especially—lap at the silence His absence has left.

Beginning in the mid 1950's Sutzkever traveled to all parts of the globe. As the guest of major Jewish communities in Australia, Africa, South and North America, and Europe, he knew how to inspire in his audience faith in their ability to bear the burden of their past. On the podium he developed the public style we associate with Russian and Polish poets who generate in their listeners a mighty sense of common destiny. His readings turned into dramatic community manifestations.

His private travels also rekindled a native curiosity about the rich variety of animal and vegetable life. On an extended trip to Africa a decade after the war, Sutzkever responded to the exoticism of the strange new continent, exploring desert and jungle, tracking elephants, visiting with the king of the Zulus. In the poetry that followed, his own past was refracted in new images—lepers, caged tigers, a plague of termites, a sweep of locust, a pygmy-dance, the monkey-merchant. Sutzkever took in all the strangeness and beauty and some of the brutality of Africa with a sense of familiarity, recognizing in creatures he had never before seen the instinctual faculties he had come to appreciate through his own experience. He showed affection especially for the majesty of the jungle which is all the more vulnerable for being so awesome.

Twice, in 1948 and in 1961, Sutzkever deviated from the lyrical forms in which he remains most comfortable to create national epics of ambitious narrative scope. *Geheymshtot* ("Secret City") records the effort of ten Jews, a symbolic *minyan* of men and women and a newborn infant, to escape the destruction of Vilna by hiding in the sewers beneath it. *Gaystike erd* ("Spiritual Soil") dramatizes the journey of refugees from Europe to Palestine aboard the ship *Patria* in September 1947, and the efforts of this saving remnant to resettle the country under Arab attack. In each work Sutzkever was drawing from his own experience: the sewer had been his escape route when the ghetto was liquidated; he came to Palestine, much as he describes the journey's details, aboard the *Patria*. Yet despite the authenticity of the information, the epics are obviously the projections of a single narrator who is determined to make history respond to his affirmative will. The suppleness of the Yiddish original, which owes much to the colloquial play of language, stiffens in English, and no effective translations of these works in their entirety have yet proved possible.

It is otherwise with the poems of *The Fiddle Rose* written between 1970 and 1972, published in 1974 as a sumptuous book with drawings by Sutzkever's good friend Marc Chagall, and now translated for this English edition by poet Ruth Whitman. These lyrics concentrate on the poet's inner landscape where the fiddle rose, a fused musical source of crafted

and spontaneous energy, rises from its coffin in order to re-
sume its playing. As the emblem of these poems, the fiddle
rose denies ordinary boundaries such as the one between the
instrument and the player, or between our life above the
ground and below; the poet draws for his sweetest music on
the suffering he has witnessed and known, and on the be-
loved dead who nourish what he writes.

The poems are intimate, as if spoken to a beloved. Myste-
rious and difficult questions are addressed conversationally,
in colloquial language so as to be understood. When his com-
panion asks the poet to explain the riddle of his life, he swal-
lows his irritation and tries to oblige her. "I was a palmist," he
explains about his past, able to read like the letters on a page
the hands of people stretched out to him.

> . . . the secret of their script entered me
> with the magic milk of my mother,
> and I read in the creases of their fingers, in their palms
> the symphonies that their flesh fondled and played,
> the secret of their script.
>
> (Translated by Ruth Whitman)

The poet is first and foremost a *reader*, and recognizing his
exceptional ability, people ask him to decipher the course of
their lives. (Elsewhere in the book, the poet reveals his under-
standing of the conversation of two Chinamen in an antique
shop, the paintings in an exhibition of lunatics, languages of
sun and fire, and much else.) But he dare not always divulge
what he learns.

> I saw in the hands of men and infatuated girls,
> like small flashes of lightning in the night, written clearly and
>   explicitly,
> the signature of a demon. So I read and was silent
> unwilling to deceive the truth with the speech of lies.
>
> (Translated by Ruth Whitman)

Sutzkever is not one of those tormented poets who feels
that he can never do justice to reality, or truth, or beauty. To
the contrary. He has full confidence in the poetic powers he
discovers in himself. He feels that his power derives from
nature itself, no less than the waves in the ocean or the storm-
winds that whip them into motion. He trusts his vision, his
expressive accuracy, everything that depends on his art. But
the poet has to decide how to deploy his power, and when

insight reveals to him the demon's signature in place of the deity's he has the poor choice of betraying either his gift by his silence or the moral universe by speaking. Nor can he really satisfy his interlocutor by explaining his riddle.

> Explain more? End slowly or quickly?
> Perhaps you already know, explanations make nothing easier.
> (Translated by Ruth Whitman)

Poetry is the certain standard when all else is devalued. Yet it cannot make good the collapse of value.

The Fiddle Rose is about poetry and the poet, but Sutzkever's awareness of the moral stakes of his situation diffuses the hothouse atmosphere that such "self-referring" texts often generate. His romantic sense of mission, "because I, Abraham, am different from all the others," is balanced by wry assessments of the poet's role. Here is one of them from the poem "Outlandish Words": after a torrential rainstorm when water seemed to be pouring out of caves, the poet sees a man with a pitcher sprinkling his garden-beds drop by drop. Curiosity gets the better of him and he asks the man what's the sense of his watering in the midst of a flood. The man with the pitcher laughs in reply, "You don't know? Obviously, I'm different from all the others." It is worth noting, despite the rather harsh swipe of this self-parody, that the gardener is rendered ridiculous not by his attentiveness to the garden—which may cause a fiddle rose to grow—but by the flood that drastically alters the significance of his devotion. Throughout this book biblical images evoke the sacred call of the poet-prophet and the poet-singer within a disfiguring world.

There is a close connection between *The Fiddle Rose* and Sutzkever's *magnum opus*, the series *Poems from a Diary* that he began to write in 1974 and continued for over a decade. As one might expect of a diary, the entries are filled with casual disclosures about quotidian affairs, "a funeral by day and a concert at night," and fragments of dream and memory. Given the interests of the diarist there is also a good deal of personal reflection about speech, poetry, life and death. Through the apparent randomness of these poems, Sutzkever's personality emerges more forcefully than in any previous work, and he seems to have found here the perfect vehicle for his characteristic mixture of passion and intelligence, a tension between mood and mind that has reminded one critic of the English metaphysical poets, though a closer parallel might be John Berryman's *Dream Songs*, which also depend for their full appreciation on some familiarity with their author's life.

Poems from a Diary opens with the observation, "Distance nears." A man advanced in years feels the past crowding in on him, but the provocative oxymoron also points forward, to the approach of endlessness, perhaps eternal life. Our vision, like our eyesight, alters as we age; it is typical of Sutzkever to collapse the languages of space and time, giving substantiality to the ephemeral by treating time as a function of space. Death, the ugliest breach of time, only poetry has the human power to heal.

By now death is an old familiar for Sutzkever, and he treats it here with a playfulness that seems to have passed beyond tragedy to its farther comic side. The speaker of these poems is no longer a scarred survivor, but nature's intimate, a somewhat bemused authority:

> Who will last? And what? The wind will stay,
> and the blind man's blindness when he's gone away,
> and a thread of foam—a sign of the sea—
> and a bit of cloud snarled in a tree.
>
> Who will last? And what? A word as green
> as Genesis, making grasses grow.
> And what the prideful rose might mean,
> seven of those grasses know.
>
> Of all that northflung starry stuff,
> the star descended in the tear will last.
> In its jar, a drop of wine stands fast.
> Who lasts? God abides, isn't it enough?
>
> (Translated by Cynthia Ozick)

No single poem can suggest the range of wit and grace of the entire cycle, but this lyric does touch the center of its search. Man, riddled with unanswered questions, is in danger of becoming a cynic or a nihilist: one who accepts and perhaps even enjoys the impermanence of things, the absence of any essential reality. Against this fatal undertow Sutzkever's ripe poetry ranges its every resource. The affirmation here is far from thunderous, to be sure. It seems rather mischievous to locate permanence in wind and foam; and the second stanza, reducing poetry to a language of grass and flowers, takes us all the way back to a prehistoric landscape and forces us to confront the possibility of having to begin there again. The proofs of eternity that are found in a drop of pain and a droplet of wine are a far cry from the glory that inspired the biblical psalmist with *his* knowledge of God. Alongside all this, the rhetorical question that ends the poem leaves itself open to a skeptical rejoinder.

And yet, the poem does point us in the direction of an essence underlying mere existence. For all its minimalism and informality, it combines with others in this series to form a kind of modern psalter, recognizing God in the remnants of His creation. While the context is not particularly "Jewish," Sutzkever attributes to poetry much of the flavor of Judaism, with its struggle to discipline lawlessness, its dogged or exuberant attachment to life. Life, not to be mistaken for the road to happiness, he defines as the inevitable coupling of pain and joy, with the possibility of one utterly dependent on the presence of the other. The decomposition of Sutzkever's family and community, the rapid decline of his native language, have "fragmented" his culture quite literally; all the more reason to make each fragment yield the sensation of the whole to which it once organically adhered.

As perhaps the last great Yiddish poet, Sutzkever faces one additional problem of his own creation. He alludes to it in a diary-poem dated 1981 in which a woman at an adjoining table in a café points out the scribbling poet to her young son with the words: "That's not a man, but a legend." He turns this phrase over in his mind, but then, impatient with its dull abstraction, feels the impulse to bite his own writing hand, to get a taste of the legend. If life-threatening deflation is one of this poet's oldest concerns, in his recent work he is no less aware of the danger of inflation. Words that soar too high are suspect and deadly, even when filled with noble intention; they take you beyond life. In the lyrics of his sixties Sutzkever hence inevitably lacks some of the heroic conviction that inspired the struggle of his middle years. But there is still great excitement of observation, and deepening love for the life that feels itself simultaneously lengthening and shortening.

The phoenix quality of Abraham Sutzkever's witness to his lost Atlantis cannot fail to provide a source of inspiration to anyone who ever doubted the mysterious creative continuity of vanished East European Jewry. If in Sutzkever's judgment it would be a shame to reduce him to legend, his poetry generates a faith in itself, in its own true vivifying power, that lends an aura of indestructibility to the destroyed world it stubbornly mourns and celebrates.

THE FIDDLE ROSE

דאָס איינציקע פענצטער

THE SINGLE WINDOW

די פידלרוזן

פון תּחית־המתימדיק װאַרעמען רעגן
פֿאַװאָלינקע נעמט זיך צעבליִען, באַװעגן
(בײַנאַנד מיט דער קינדהייט אין אַלטן זכּרון)
די פידלרוזן אינעם שװאַרצערדיקן אָרון.

די פידלרוזן דאַרף שוין אַצינד ניט קיין פידלער,
ניטאָ מער קיין ליבער, ניטאָ מער קיין זידלער.
זי שפּילט אָן אַ שפּילער מיט פֿרייד און אמונה
לכּבוד אַ װידערגעבוירענער סטרונע.

לכּבוד אַ סטרונע, לכּבוד איר ציטער,
לכּבוד אַ בין װאָס איר האָניק איז ביטער
נאָר זיס איז איר שטאָך, אַזוי זאַפֿטיק און קװייטיק —
לכּבוד אַ װידערגעבוירענעם װייטיק.

36

The Fiddle Rose

From resurrecting warm rain
she begins slowly to blossom, to grow—
(together with the childhood of my aged memory)—
the fiddle rose in her earth-black coffin.

The fiddle rose doesn't need a fiddler,
there's no one left to praise or curse her.
She plays without a player, with joy and faith
in honor of a reborn string.

In honor of a string, in honor of its vibration,
in honor of a bee whose honey is bitter
but whose sting is sweet, so juicy and flowerlike—
in honor of a reborn pain.

ען די אייביקייט וויינט פון הנאה

פויגל פאַרשרײַבט ניט זײַן טעקסט אויף פּאַפּיר און די אייביקייט
ווײנט פון הנאה,
׳וויל קיינעם אַ וואָלף ניט געפעלן און ס׳פרייט זיך אַ שטערן אין
פעלד מיט זײַן וויע,
ון דו שיקסט אַוועק דײַנע ווערטער צו שטיינערנע שוועלן
ון ווײַל האָסט זיי פײַנט — ווילסטו דווקא זיי זאָלן געפעלן.

קאַרשנבוים דאַרף ניט קיין ווערטער, קיין סטראָפן, די קאַרשן
אַליין זענען גראַמען,
לייענער ניכטערט זיך אָן מיט די קאַרשן צו וויסן פון וואַנען זיי שטאַמען.
אַראַן אַזאַ שטיין, אונטער אים איז דער וואָרעם אַ קעניג
ון אַלינקע ווערטער פון מענטש זענען אים אונטערטעניק.

בוך איז פאַראַן ווו די טעג און די נעכט זענען זײַנע געבונדענע בלעטער,
אַרשריבן איז דאָרטן דײַן שווײַגן אַפילו וואָס עמעץ וועט לייענען שפּעטער.
ון דאָס איז די זוניקע חכמה און דאָס איז דער זינען:
בלינדער אַפילו זאָל קאָנען אין בוך דיך געפינען...

19

When Eternity Weeps with Delight

A bird doesn't write its text on paper, although eternity
   weeps with delight;
a wolf doesn't care to please anyone, yet a star in the
   meadow rejoices in its howl:
but you send your words off to stony thresholds
and because you despise them, you want them to please.

A cherry tree doesn't need words or stanzas—the cherries
   themselves are rhymes;
they refresh the reader, who knows where they come from.
There's a stone, and under it the worm is king:
all human words are his subjects.

There's a book whose bound pages are his days and nights
where your silences are inscribed, even the ones that
   someone will read later.
And this is its sunlit wisdom and this is its meaning:
Even the blind will find you in this book . . .

1972

קלאַנגען־סודות

צווישן קלאַנגען־סודות וואָס איך האַלט זיי אויף אַ ריגל,
סודות פון בני־אָדם, שטיינער, איינוווינער מיט פליגל,
אָדער שטערן ווען זיי טרעפן אויף אַ ראַנדעוווּ זיך —
מאָנט אין מיר אַ קלאַנג און וועגן אים דערציילן מוז איך:

ס׳מאָנט אין מיר דער **אוי** וואָס כ׳האָב פאַרנומען ביי אַ שטומען
בעתן וועלן זאָגן ווידוי אָן אַ וואָרט אין גומען.
קיינער האָט זיין ווידוי ניט געהערט און מער פון קיינעם —
ער אַליין און זיינע לאַנגע אויערן, די שכנים.

צווישן קלאַנגען־סודות וואָס איך האַלט זיי אויף אַ ריגל,
סודות פון בני־אָדם, שטיינער, איינוווינער מיט פליגל,
אָדער סיי פון לעבעדיקע, סיי פון טויטע בליקן—
מאָנט אין מיר אַ לעבן־לאַנג דער קלאַנג און מאָנט אַ תּיקון.

אָפּגעשיידט זיך אָן אַ טראָפּן ווידוי האָט דער שטומער,
נאָר צעשניטן האָט זיין אוי אַ נאַכט אין יענעם זומער,
ווי עס וואָלט אַ ווייַסער בליץ באַפאַלן אַ וואָראָנע.
דעמאָלט האָב איך זיך פאַרנייגט: אַ דאַנק פאַר דער מתּנה.

אַלע יאָרן זוך איך פאַר זיין אוי אַ דריטן אויער,
אַז דער ווידוי זאָל ניט גיין פאַרלוירן און קאַפּויער.
אפשר וועל איך אים אַ מאָל געפינען אין גן־עדן
ווּ די ריידעוודיקע שטומען און די שטומע ריידן.

אַפּריל 1972

Sound-Secrets

Among the sound-secrets that I keep locked up,
secrets of human beings, of stones, of dwellers with wings,
or of stars when they meet at a rendezvous—
a certain sound demands its due and I have to tell about it:

the "oy" I took over from a deaf-mute demands its due from me
when he says his confession without a word in his palate.
No one hears his confession, and even more than no one—
neither he himself nor those long-ears, his neighbors.

Among the sound-secrets that I keep locked up,
secrets of human beings, of stones, of dwellers with wings,
whether from the glances of the living or the dead,
the sound resounds in me all my life and demands its due.

Departing without a drop of confession, the "oy" of the
      deaf-mute
split the night apart one summer
like a streak of white lightning attacking a raven.
I bowed down: thank you for the gift.

For years I've searched for a third ear for his "oy,"
so that his confession won't wander around aimlessly, lost.
Perhaps some day I'll find it in heaven,
where the talkative are silent and the mute speak.

April 1972

קליינע בליצן

אַ רעטעניש איז דיר מײַן לעבן – ווילסט איך זאָל דערציילן.
דערציילן וואָס? אַבי דערציילן, ציילן
צוריק די יאָרן, העלער זאָל דיר ווערן אין די היילן
ווו ביידע בלאָנדזשען; גוט. נאָר איך האָב מורא פאַר דײַן האַנט –
אַ הענטשקע צי אַרויף: איך בין געווען אַ כיראָמאַנט...

איך בין געווען אַ כיראָמאַנט. און ס׳האָבן זיך געצויגן
שערענגעס הענט צו מײַנע דלד־אַמות
איך זאָל זיי לייענען ווי בריוו און עפענען די אויגן
פון מאָרגן. ס׳איז צוזאַמען מיט דער כּישוף־מילך מײַן מאַמעס
אַרײַן אין מיר דער סוד פון זייער שריפט.
און כ׳האָב געלייענט אין די פינגערקנייטשן, אין די דלאָניעס,
וואָס האָבן לײַבער נאָך געצערטלט און געשפּילט סימפאָניעס,
דעם סוד פון זייער שריפט.

געזען האָב איך אין הענט פון מענער און פאַרליבטע מיידלעך,
ווי קליינע בליצן אין דער נאַכט געשריבן, קלאָר, באַשיידלעך,

Small Flashes of Lightning

My life is a riddle to you—you want me to explain it.
Explain what? Just to explain, to count
back the years, so that it will be lighter for you in the caves
where we both wander? Good. But I'm afraid of your hand—
put on your glove: once I was a palmist . . .

I was a palmist. The rows of hands
stretched to my inner space
so that I could read them like letters and open the eyes
of tomorrow. The secret of their script entered me
with the magic milk of my mother,
and I read in the creases of their fingers, in their palms
the symphonies that their flesh fondled and played,
the secret of their script.

I saw in the hands of men and infatuated girls,
like small flashes of lightning in the night, written clearly
     and explicitly,

די חתימה פון אַ דעמאָן. האָב געלייענט און געשוויגן,
דעם אמת ניט צו נאַרן מיט די ליפּנרייד פון ליגן.

דערפאַר האָב איך ניט אויסגעמיטן מײַן פאַרדינטע שטראָף:
צעפאַלן זענען אַלע הענט אין אַש אויף מײַנע ווײַעס.
און בלויז די האַנט פון אַ סקעלעט פאַרמישפּט ניט־צום־שלאָף
געקומען איז מיך פרעגן ווען איר האַר וועט אויפשטיין תּחית־
המתים. און צו מײַן קאַנאַפּע,
ווו כ׳בין געלעגן אין געהאַקטע ווונדן,
אַ וואָלף אין בלויען פעלץ פון שניי האָט אויסגעשטרעקט אַ לאַפּע
איך זאָל אים וואָרזאָגן צי מ׳האָט אַ פײַער שוין געצונדן.
אַ שטערן — אויסגעצויגן מיר אַ דימענטענעם פינגער
איך זאָל פאָרויסזען ווער וועט פריִער פאַלן: ער צי איך?

דערציילן ווײַטער? ענדיקן פּאַוואָלינקע צי גיך?
מסתּמא ווייסטו שוין, אַז פון דערציילן ווערט ניט גרינגער.

1972

the signature of a demon. So I read and was silent,
unwilling to deceive the truth with the speech of lies.

But I couldn't avoid the punishment I deserved:
all the hands fell into ash on my eyelashes.
And only the hand of a skeleton condemned to
    sleeplessness
came to ask me when her master would be
resurrected. And at my couch
where I lay stewing in my juice
a wolf in a blue coat of snow stretched out a paw
asking that I tell him truthfully if someone had already
    lit a fire.
A star stretched out its diamond finger to me,
asking that I prophesy who will fall sooner: it or me?

Explain more? End slowly or quickly?
Perhaps you already know, explanations make nothing
    easier.

1972

אויסטערלישע ווערטער

כ׳האָב דעמאָלט ניט געהאַט קיין הילף און העלפער,
(אַנטלאָפן שוין פון רבין און זיין בעלפער)
ווען ליכטיק איז געוואָרן מיר נתגלה,
אַז איך, אַברהם, אַנדערש בין ווי אַלע:
איך דאַרף שוין ניט צעזעצן תּרחס געצן,
וואָדען? איך דאַרף גאָר בויען די געזעצן
פאַר אויסטערלישע ווערטער. זייער פיקעניש
אין האַרצן, איז מיין רוחניות און דערקוויקעניש.

און כ׳האָב געבויט געזעצן און געצווונגען
די אויסטערלישע ווערטער ווערן גאַנצער.
געצווונגען, אַז אין קוזניע זאָלן יונגען
מיט האַמערס אויסשמידן פאַר זיי אַ פאַנצער
אַנטקעגן טויט. אין פאַנצער זאָל איך רייטן
צום אויסלאָז פון די בליענדיקע ווייטן.
און וויסן זאָלן אונטערטעניק אַלע,
אַז איך, אַברהם, אַנדערש בין ווי אַלע.

46

Outlandish Words

I had no help or helper then
(having already run away from the rabbi and his assistant),
when light dawned and it was revealed to me
that I, Abraham, am different from all the others:
I don't have to overturn Terah's idols any more.
What next? I must construct all the rules
for outlandish words. The way they stab the heart
is my godliness and my delight.

So I've built rules and forced
my outlandish words to become whole.
Forced them, so that young men in the smithy
could forge out, with hammers, armor for them
against death. I'll ride in that armor
to the limits of flowering distance.
And all the submissive ones will know
that I, Abraham, am different from all the others.

און מײַנע ווערטער האָבן זיך געשליפֿן
אויף טרערן, ביז צו זייער גרונט און סיבה.
אַ בינען־מלכּה האָט אין זיסע טיפֿן
געשאָנקען זיי די נאָדלען פֿון איר ליבע.
בײַ קאַרשנביימער האָבן זיי געגנבעט
ס׳געהיימעניש: פֿאַרוואַנדלען ערד אין קאַרשן.
און מײַנע טעג־און־נעכט אין זיך פֿאַרקאַנוועט
און צו דער אייביקייט געזונגען: יַרשן!

זיי האָבן זיך דערקליבן צו אַ שלייען
און אים באַפֿוילן שרייען, שרייען, שרייען;
אַ כאַפּ געטאָן אַ דונער צווישן צווייגן
און אים באַפֿוילן שווייגן, שווייגן, שווייגן;
אַראָפּגעקײַקלט האָבן זיי אַ סקאַלע
און אונטן–זע, אַ זונוואָרעם: די צײַט––
און כ׳האָב זיך אויסגעפֿיינט פֿאַר יונגע־לײַט,
אַז איך, אברהם, אַנדערש בין ווי אַלע.

My words polished themselves

on tears, down to their very core and cause.

A queen bee bestowed the needles of her love

on their sweet depths.

They stole the secret from the cherry trees:

how to transform the earth into cherries.

And my days and nights wove themselves together

and sang to eternity: inherit!

They fastened themselves to a fish

and commanded him, scream, scream, scream;

they seized a thunderclap among the twigs

and commanded it, be silent, silent, silent;

they tumbled down a cliff

and underneath—look, a sunworm: Time.

And I flaunted myself before the youngsters

because I, Abraham, am different from all the others.

נאָר ס'איז געשען, איך שעם זיך צו דערציילן,
אַן איבערקערעניש אין מײַן מלוכה:
אַ רעגן האָט פון וואָלקנס ווי פון היילן
דערלאַנגט אין מיטן טאָג אַזאַ מין פליוכע,
אַז ווער עס האָט געהאַט נאָר פיס צי פליגל
איז נעלם באַלד געוואָרן דאָ און דאָרטן.
געבליבן איז בלויז איינער... מיט אַ קריגל
באַשפּריצט די בייטן טראָפּנווײַז אין גאָרטן.

און כאָטש איך בין געווען אַ צאַרטער שווײַגער,
ווען כ'בין פאַרבײַגעלאָפן האָט דער נײַגער
פאַרהאַלטן מיך אין שלאַקסעדיקן רעגן,
דערזעענדיק דורך קראַטעס פונעם פלויט,
ווי טראָפּנווײַז באַשפּריצט דער מאַן דאָס קרויט.
און כ'האָב געמוזט אויף הויכן קול אים פרעגן:
— צעקניפּל מיר דעם שׂכל פון דײַן שפּריצן,
עס מבולט דאָך געננג, ביסט וואָס ממלא?
און יענער האָט געלאַכט מיט גרינע בליצן:
— דו ווייסט ניט? איך בין אַנדערש דאָך ווי אַלע.

מײַ 1971

It happened, I'm ashamed to say,

that there was a revolt in my kingdom:

such a rain gushed from the clouds in the middle

of the day it seemed that it poured out of caves—

here and there whoever had only

feet or wings soon disappeared.

Only one person remained . . . With a pitcher

he sprinkled his garden-beds drop by drop.

And although I was a gentle silent person,

curiosity stopped me

as I ran past in a downpour of rain

and saw through the slats of the fence

how the man watered the cabbage drop by drop;

and I asked him in a loud voice:

What's the sense of your watering?

It's flooded enough. What are you doing?

His laughter was full of green lightning—

You don't know? Obviously, I'm different from all the
     others.

May 1971

יוגנט־חבר

ניטאָ מער די בערדיקע פישער וואָס האָבן געצויגן
פאַראַנקערטע נעצן פון טײַך, פולע נעצן מיט אויגן,
און אויסגעדאַכט האָט זיך אין פרילינג: זיי ציִען פון וואַסער
די אייגענע בערד, און צוריק—פאַלט אַ זונשטראַל אַ נאַסער;
ניטאָ מער די בריק צווישן ציין פון אַן איינציקן שטערן
און איבער דער בריק צו די מיידלעך אין שלאַכט—קאַוואַלערן.
ניטאָ מער די לאָדקעס. די מוסקלען. דער פריידיקער יאָמער.
ניטאָ מער.

נאָר די שטיינדלעך, די שטיינדלעך געצערטלטע־צאַרטע,
אַזוי סתּם פון אונדז ביידן געוואָרפן אין טײַך
און דעם זינען פון וואָרף
ניט פאַרשטאַנען—
זענען אַלץ נאָך פאַראַנען.
פונעם וואַסער זיי שמייכלען און קומען צו אונדז אומדערוואַרטע,
און אין זכות פון די שטיינדלעך איז אויך אונדזער יוגנט פאַראַנען.

1971

Friend of My Youth

There are no more bearded fishermen who pull
their anchored nets from the river, nets full of eyes,
in what seemed like springtime: they pull their own beards
from the water, and a wet sunray falls back.
There's no longer a bridge between the teeth of a solitary star
over which young suitors, quarreling, cross to the girls.
No more boats. No muscles. No joyous cries.
No more.

Only the pebbles, the pebbles stroked tenderly
that we both threw at random into the river,
not understanding
why we threw them—
they're still there.
They smile from the water and come to us unexpectedly—
these pebbles where our youth still lives on.

1971

פינגערשפּיצן

... און איין מאָל אין אַ ווינטערנאַכט,
ווען כ׳האָב די קאַלטע פינגער
אַרײַנגעטאָן אין קעשענע פון פּעלצל,
דערפילט האָבן די פינגערשפּיצן לעבעדיקן זײַד—
אַ צאַרטינקע גן־עדן־טויב
אין טויבנשלאַק פון קעשענע.

געווען איז עס ניט מער ווי אַ פּאַפּירל, וואָס כ׳האָב פריִער
אין בוידעמשטיבל
אָנגעקאָרמעט צערטלעך
מיט וואָרקענדיקע ווערטער.
און ווײַל מיר איז געווען אַ שאָד מיט דעם זיך צו צעשיידן,
און אויך דערפאַר ווײַל כ׳האָב עס ניט געטרויט מײַן רויטער קאַץ,
ס׳פּאַפּירל האָב איך מיטגענומען אויף אַ פרייד־באַגעגעניש
אין דרויסן, ווו עס פלאַצן שוואַרצע שפּיגלען פון די שאָטנס.

נאָר מײַנע פינגערשפּיצן זענען דעמאָלט
געוואָרן שיכּור פון דער צאַרטקייט. אַנדערש ניט: געפאַנגען
אין קעשענע בײַ מיר
איז די נשמה פון דער וועלט.

און מײַנע פינגערשפּיצן קאָנען שווערן:
אַזאַ מין צאַרטקייט האָבן זיי אין ערגעץ ניט געפילט,

Fingertips

. . . Once on a winter night,
when I put my cold fingers
into the pocket of my fur jacket,
my fingertips felt living silk—
a tender dove of paradise
in the dovecote of my pocket.

It was only a fragment of paper that I had once
gently fed
in my garret
with cooing words.
And because I felt it was a shame to part with them
and also because I didn't trust my red cat with it,
I took the paper with me to a joyous rendezvous
outside, where black mirrors cracked in the shadows.

Then my fingertips became
drunk with tenderness. Why not? Trapped
in my pocket
was the soul of the world.

And my fingertips can swear
they have never felt such tenderness anywhere,

אַפֿילו נאָכן אָפֿדעקן אַ פֿרילינגדיקן װאָלקנדל
פֿון האַרץ פֿון דער געליבטער.

נאָר הײַנט, װען כ׳האָב פֿאַרלוירן, צי ס׳האָט װער אַרויסגעגנבֿעט,
פֿון קעשענע מײַן װעלט—
זײ זענען װידער
געװאָרן שיכּור פֿון אַ צאַרטקײט,
מײַנע פֿינגערשפּיצן.

די צאַרטקײט פֿונעם יונגן מאָצאַרט, פֿון אַ סטראַדיװאַריוס?
די צאַרטקײט פֿון אַ רויז, באַשיצט מיט אײַפֿערזוכט פֿון דאָרן?

זײ האָבן אין דער קעשענע באַרירט הײַנט מײַן זכּרון.

1971

even after undressing a little spring cloud

in the heart of my beloved.

Just today, when either I had lost it or someone had stolen

the world from my pocket—

they became drunk

from the tenderness again—

my fingertips.

The tenderness of young Mozart, of a Stradivarius?

The tenderness of a rose, protected by the jealousy of

    thorns?

In my pocket today they brushed against my memory.

1971

מײַלן־װײַט פֿון זיך אַלײן

װאָס איז מער װי לעבן? לעבן מער,
פֿולער, דורותדיקער. אױך די נעגל
זאָלן פֿילן: גרױס איז דער באַגער.
זײער האַנט זאָל שװימען װי אַ זעגל
מײַלן־װײַט פֿון זיך אַלײן. װוּהין?
אױב ס'איז דאָ אַ װינט איז דאָ אַ האַפֿן,
ערגעץ איז פֿאַראַן דער סוד פֿון גרין
אײביק צו באַשאַפֿן און באַשאַפֿן.

איצטער איז דער זמן װען דו באַפֿרײַסט
װערטער פֿון די ליפּן און זײ פֿליִען
מיטצובערענגען װאַרעמקײט פֿון גײַסט
צו דײַן מױל, פֿון הײמישע ניט־היִען.
איצטער איז דער זמן אַז אױך דײַן טרער
זאָל דיר זײַן אַ בענטשונג, זאָל דיר אײַנגײן.
װאָס איז מער װי לעבן? לעבן מער,
אַז דו זאָלסט אין לעבן קױם אַרײַנגײן.

1972

Miles Away From Myself

What's more than living? To live more,
more fully, perpetually. Even your nails
should feel: their lust is enormous.
The hand should float like a sail
miles away from itself. Where?
If there's a wind there's a harbor,
somewhere there's the secret of green:
to create and create forever.

Now is the season when you free
words from your lips and they fly
bringing with them the warmth of spirit
to your mouth, from some familiar elsewhere.
Now is the time when your tears,
your frequent visitors, are also your blessing.
What's more than living? To live more fully,
so that you scarcely enter life.

1972

Chagall

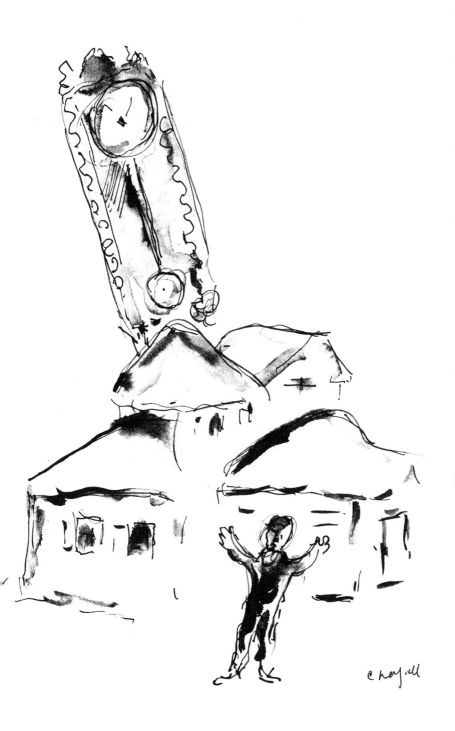

פֿאַרוואַנדלונג

פֿריידקען

א

עמעצער דרייט אָן אַ זייגער איבער אַלטע הײַזער:
ווידער קלאַפּן אָדערן, עס נעמט זיך וואָס באַוועגן.
לאָמיר הערן ווי עס גייט זײַן רעגן,
לאָמיר הערן ווי ס׳דערנענטערט זיך צו אונדז זײַן ווײַזער.

ס׳גייט זײַן רעגן אויפֿן טײַך און ווערט דאָרט ניט דערטרונקען,
לאָמיר הערן ווי סע שפּרינגען פֿיש צו זײַנע פֿונקען.
שוואַלבן האָבן שׂכל און זיי עפֿענען אַ לאָדן,
לאָמיר הערן ווי זײַן רוחניות טאַפּט פֿאַר זיך אַ באָדן.

ס׳לויפֿן מענטשן און פֿאַרלירן אײַליק זייער מזל,
בלויז אַן איינציקע בהמה קײַט אַ גרינעם וואָלקן.
לאָמיר הערן ווי זי דאַנקט איר שפּײַזער,
לאָמיר הערן ווי ס׳דערנענטערט זיך צו אונדז זײַן ווײַזער.

ב

ווייטיק ציט צו ווייטיק ווי פֿאַרליבטן צו געליבטער,
לאָמיר הערן ווי זיי גייען טרעפֿן זיך בײַם שטורעם.
וועמען ליבט זי מער פֿון גאָר דער וועלט און וועמען ליבט ער?
וווּנדערלעך, מײַן קינד, איז די פֿאַרוואַנדלונג פֿון יסורים.

לאָמיר הערן וואָס די שײַכות וועט אונדז זאָגן ביידן,
ווען פֿון רעגן־טראָפּנס ווערט געבויט פֿאַר אונדז אַ טורעם.

Transformation
to Freidke

1

Someone is winding a clock over old houses:
veins pulse again and something begins to stir.
Let's hear how his rains fall,
let's hear how the hand of his clock comes close to us.

His rain falls on the river and doesn't drown,
let's hear how fish leap to his phosphorescence.
Swallows are wise and they open a shutter,
let's hear how his spirit gropes for its terrain.

People run and quickly lose their luck,
but a solitary cow chews a green cloud.
Let's hear how she thanks her provider,
let's hear how the hand of his clock comes close to us.

2

Pain is drawn to pain like the lover to the beloved;
let's hear how they meet each other in the storm.
Who does she love more in the whole world, and who does
     he love?
Wondrous, my child, is the transformation of anguish.

Let's hear what the connection tells us both,
when a tower is built for us from raindrops.

לאָמיר הערן וואָס די קליינע בליצן־פייגל ריידן,
ווּנדערלעך, מײַן קינד, איז די פֿאַרוואַנדלונג פֿון יסורים.

רעגן בענקט נאָך רעגן ווען ס׳פֿאַרלעשן זיך די גאַסן,
אויסגעגאָסן ווערט דײַן לײַב אין גאָר אַן אַנדער פֿורעם.
ווייטיק ציט צו ווייטיק און זיי מוזן זיך פֿאַרקנסן,
ווּנדערלעך, מײַן קינד, איז די פֿאַרוואַנדלונג פֿון יסורים.

ג

אַנדערש איז ער ווי אים זעען מאָלערס און סקולפּטאָרן,
אַנדערש ווי ער הויערט אויפֿן ים־דעק פֿון זכּרון.
אַנדערש ווי זײַן קאַפּליע סם די ביטערע און זיסע,
אַנדערש ווי דאָס דריטע אויג דערזעט אים בײַ דער גסיסה.

אַנדערש איז ער ווי אַ נאָמען גיבן אים די שפּראַכן,
אַנדערש פֿון זײַן אַנדערש, ווי דאָס ווײנען פֿונעם לאַכן,
אַנדערש פֿון זײַן רעטעניש און איר באַשייד אין ספֿרים,
אַנדערש ווי עס מיינט זײַן ייִנגסטער ברודערל דער וואָרעם.

אַנדערש איז ער ווי דער שטויב פֿון זײַן גאַלאָפּ—דער ציטער,
אַנדערש ווי די בלייִענדיקע רו אין זײַנע גיטער.
אַנדערש ווי זײַן מראה צוועלף בײַ נאַכט אין שוואַרצן שפּיגל,
אַנדערש איז ער, דער וואָס האַלט אונדזביידן אין זײַן עיגול.

1971

Let's hear what the lightning-birds say:
wondrous, my child, is the transformation of anguish.

Rain is drawn to rain when the streets are erased;
your body will be poured out in a different form.
Pain is drawn to pain and they must be betrothed,
wondrous, my child, is the transformation of anguish.

3

He's different from the way painters and sculptors see him,
different as he crouches on the sea-bottom of memory.
Different from his poison, the bitter and the sweet,
different from the third eye that spies him on his deathbed.

He's different from the name that language gave him,
different from his differentness, as weeping is from laughter,
different from his riddle and its holy book solution,
different from what his youngest brother, the worm, believes.

He's different from the dust of his galloping, his throbbing;
different from the blossoming peace of his estate.
Different from how he looks at midnight in the black mirror,
he's different, who holds us both inside his circle.

1971

גראַניטענע פֿליגל

די קאַלטע גראַניטענע פֿליגל
פֿאַרזונקען אין ערד,
געבונדן מיט ערדענע קייטן
צום גוף אין דער נידער —
זענען די איינציקע עדות
אַז ער איז נאָך דאָ.
די עדות אַז ער איז געווען
זענען אַנדערע ברואים,
און ס׳בעט זיך אַ נעאָלאָגיזם:
זיי זענען געוועענעלעך
מחוץ דעם בית־עלמין.

די קאַלטע גראַניטענע פֿליגל
פֿאַרזונקען אין ערד,
ציִען זיך נענטער צום גוף אין דער נידער.
זיי פֿילן
זייַן אומטויט:
אַ ביינערנע צוואַנג
און אין צוואַנג איז פֿאַרדריקט אַ נשמה.

ס׳דערלאַנגען אַ ציטער
די קאַלטע גראַניטענע פֿליגל:
אַ זונרעגן ווייקט זיי אַדורך,

Granite Wings

The cold granite wings
buried in earth
bound with earthy chains
to the body below
are the only witnesses
that he is still there.
The witnesses to his past existence
are different creatures
that need new words to describe them:
they are usually buried
outside the cemetery.

The cold granite wings
buried in earth
draw closer to the body below.
They feel
his un-death:
a bony pair of pliers
and between the pliers a soul is crushed.

The cold granite wings
are shuddering:
a sunshower soaks them,

שטראָמט אַרײַן אין די אָדערן.
אַ תּחית־המתים־געזאַנג פֿון אַ פֿרילינג.
זיי רײַסן
זיך אָפּ
פֿון דער פֿעלדזיקער ערד, פֿון די ערדענע קייטן,
בײַנאַנד מיטן גוף אין אַ מאַנטל פֿון שטויביקן גרין.

וווּהין זייער פֿליִעניש? אַז איך וואָלט וויסן וווּהין —
איך וואָלט זיי צו פֿוס און צו חלום באַגלייטן, באַגלייטן.

1972

streams through their veins.

A resurrection song of spring.

They wrench

themselves loose

from the stony earth, from their earthy chains,

with the body in its coat of dusty green.

Where are they flying? If I knew where—

by foot and by dream I'd go with them, go with them.

1972

די מאָלערין

פֿאַר מײַן טאָכטער רינה

איך בין איר פּאַליטרע פֿון אַש און צעבלאָזענע פֿונקען
און עמעץ באַפֿעלט איר אַ פּענדזל צו נעמען און טונקען.
צעשוווּמענע פּנימער זענען די פֿאַרבן. זיי צאַפּלען
מיט איבערגעשראָקענע ווײַסלען פֿון מײַנע שוואַרצאַפּלען.
און בלויע רויִנען אין זעונגען מײַנע פֿאַרגליווערט
באַבלויען דעם לײַוונט, ביז וואַנען בײַם לײַוונט אויך זי ווערט
ירושהדיק טונקל אין האַלבטאָג פֿון זוניקע סאַבּרעס,
ווי ס'וואָלט זיך אין פֿענצטער פֿאַרלאָשן אַ ים קאַנדעלאַברעס.

איך בין איר פּאַליטרע פֿון שניי ווי צעפּליקטע כּתב־יָדן,
עס וואַנדערט איר פּענדזל אין מײַנע פֿאַרנאַכטיקע סליאַדן.
אַ זונפֿלעק באַהאַלט זיך אין וואַלד. פֿון אַ וועלפֿישער פֿאַרע
גראַווירט זיך אַרײַן צווישן צווײַגן אַ קענטלעכע מראה.
די מאָלערין שלינגט פֿון מאָדעל דעם קאָליר פֿון מײַן שווײַגן
און תּפֿילה זי טוט אים צו ראַטעווען צווישן די צווײַגן.
דערנאָך, ווען דער זונפֿלעק בלײַבט הענגען אין וואַלד אַ פֿאַרברענטער,
דערווײַטערט זיך טאָכטער פֿון טאַטן — צו פֿילן אים נענטער.

The Painter
for my daughter Rina

I'm her palette of ash and fanned embers:

someone commands her to take up a paintbrush and dip it in.

The colors are faces, swimming. They tremble

with terrified whites of my pupils.

And the blue ruins frozen in my prophetic visions

make the canvas blue until even she becomes

the inheritor of darkness in the halfday of sunny sabras,

as though a sea of candelabras were snuffed out in the

    window.

I'm her palette of snow, like torn manuscripts;

her paintbrush rambles in my twilight tracings.

A sunbeam hides itself in the woods. In a ravenous mist

a familiar sight is etched among the twigs.

From her model the painter swallows the color of my silence

and prays; she prays in order to rescue him among the twigs.

Then, when the sunbeam is hanging in the woods, burned out,

the daughter distances herself from her father—in order to

    feel closer to him.

און ווידער צעשפּילן זיך פונקען אין פּײַכטע קרישטאָלן
און עמעץ באַפעלט איר צו טונקען דעם פּענדזל און מאָלן.
אַ וואָלקנדל צאַפּלט אין צימער מיט זונאויגן גרינע,
ווי הינטערן לײַוונט וואָלט צוקן אַ קינד אין מאַלינע.
אַן איינציקער קוימען צעשיט זיך מיט ציגלנע פּאָרמען
צו קאָנען דער מאָלערינס פּענדזל מיט ליימקאָליר קאָרמען.
און וווּ איז דער טאַטע? עס רעגענען בלויע חלפים
און איינער פון זיי האָט שוין איבערגעקוילעט זײַן שלאָף אים.

בײַ נאַכט ווען עס בענטשן דער מאָלערין זון־בלויע פלעקן,
די לײַוונטן שווימען צום טאַטן פון וואָר אים צו וועקן.
אַזוי שווימען זעגלען בײַ נאַכט אויפן ים אָן מאַטראָסן
און בלויז מיט געזעגענונג־ווערטער און וואָלקנס באַגאָסן.
די לײַוונטן שווימען אַרײַן דורך די ווענט אין זײַן שפּיגל
און ווידער נעמט וואַקסן דער קוימען פון זעלביקע ציגל.
און אַז ער דערוואַכט פון זײַן וואָר, ווי פון חלום דער שלעפער —
עס לויכט אין די בלויע רויִנען די גנאָד פון באַשעפער.

1972

And again sparks begin to play in damp crystal
and someone commands her to dip her paintbrush and paint.
A small cloud with green sun-eyes trembles in the room
as though behind the canvas a child fidgets in the raspberry bushes.
A single chimney crumbles into shapes like bricks
to feed the artist's paintbrush with the color of clay.
And where is the father? Blue knives rain down:
one of them has already slaughtered his sleep for him.

At night when sun-blue flecks bless the painter,
the canvasses swim to the father to awaken him from the truth.
Thus do sails sail at night on the sea without sailors,
drenched only with farewell words and clouds.
The canvasses sail through the walls into his mirror
and with its bricks the chimney begins to rebuild itself.
And when he awakens from his truth, like a sleeper from a dream—
the grace of the creator is shining in the blue ruins.

1972

עטעלע מײַן שוועסטער

עטעלע מײַן שוועסטער האָט צו דרײַצן יאָר געקענט
אויסנווייניק האַלב סלאָוואַצקי. ס'האָבן אַזש די ווענט
פֿונעם בוידעמשטיבל, די צונויפֿגעלאַטעט־בלאָע,
מיטן טויבנשלאַק דערבײַ, געשמייכלט פֿון הנאה,
ווען זי האָט פֿון איר זכּרון ווי אַן אָפֿן בוך
דעקלאַמירט פֿאַר שאָטנס אין אַ ווינקל זײַן „קרול דוך".

צו דערגיין דעם סוד פֿון איר זכּרון און פֿאַנטאַזיע
פֿלעגן אירע נײַגעריקע לערער פֿון גימנאַזיע
קומען צו דער מאַמען, זי מוז וויסן דאָך אַוודאי:
ווען אַ שטייגער האָט באַוויזן אויסצולערנען עטעלע
אויסנווייניק לעבעדיקע שטיקער פֿון איליאַדע?
וואָסער קאָמפּמענטש רעדט זי אײַן צו דענקען שאָפּענהויעריש?
אָדער גאָר: פֿון וואַנען וייס זי וועגן מעטאַפֿיזיק?
ווונדער איז געווען איר וויסן. ריזיק.
ס'האָבן זיך געפֿילט אַנטקעגן עטעלען די לערער
נידעריק און פּויעריש.

עטעלע מײַן שוועסטער האָט אַ מאָל פֿאַר נאַכט (אין דרויסן
האָט אַ זיסער פֿראָסט געזאָדן ווי בײַם לעשן קאַלך)
אָנגעטאָן די וואָליקלעך, דאָס וויאָלעטע מאַנטעלע
מיטן רויטן אונטערשלאַק, און איז אַוועק שפּאַצירן.
איינינקע אַליין אין פֿעלד שפּאַצירן.

My Sister Ethel

My sister Ethel at thirteen knew
by heart half of Slowacki. The very walls
of our attic home, patched-together blue
with pigeon cotes nearby, smiled with pleasure
when she recited Slowacki's "King Spirit" from memory
as though from an open book, for the shadows in the corner.

Her curious teachers from the high school
used to come to her mother to discover
the secret of her memory, her imagination: did she know
when, for example, Ethel had learned by heart
those living passages from the Iliad?
What intellectual told her to think like Schopenhauer?
Or simply: where did she learn about metaphysics?
Her knowledge was a miracle. Immense.
In front of Ethel the teacher felt
inferior, like a peasant.

One day before nightfall my sister Ethel (outside
a sweet frost sizzled like quicklime)
put on her felt boots, her purple coat
with the red lining, and went out to walk.
To walk all alone in the fields.

עטעלע האָט ליב געהאַט פאַרגאַנגענע קאָלירן.
וואָסער מין פאַרנאַכט איז דאָס געווען, עס האָט אין איר
אָנגעצונדן זיך אַ חלום פונקט אַזאַ קאָליר .
לענגער דאָרט געבליבן הענגען ווי די האַלבע זון
צווישן פייערצייַן פון וואָלקן. אפשר האָט מיין שוועסטער
מיטנעמען געוואָלט אַ שטיקל זון, די זון־ירושה?

עטעלע מיין שוועסטער האָט פון דעמאָלט אָן געברענט.
פונעם בוידעמשטיבל האָט ביי נאַכט אַרויסגעלויכטן
יענער זונפאַרגאַנג, נאָר זי האָט לענגער
אויפהאַלטן אים ניט געקענט אין מוח.

אויסגעלאָשן האָט ער זיך מיט עטעלען צוזאַמען
אינעם בוידעמשטיבל מיט די גליטשיק הויכע טרעפ.

ס׳זענען בלויז געבליבן אירע שוואַרצע לאַנגע צעפ
צווישן די פאַרגרייטע ווייַסע בגדים פון דער מאַמען.

צוואַנציק יאָר האָט עטעלען באַקלאַגט די מאַמע, צוואַנציק יאָר,
ווייַס געוואָרן זענען אין די טויטע צעפ די האָר,
ביז בערלין האָט זיך דערבאַרעמט, ניט געקאָנט מער זען און הערן,
אָנגעלאָפן – און דערשאָסן באַלד מיין מאַמעס טרערן.

1972

Ethel loved the colors of sunset.

Whatever kind of twilight it was, it ignited

a dream in her exactly the same color.

Stayed hanging there longer than the half-sun

between the fireteeth of a cloud. Perhaps my sister

wanted to take a bit of sun with her, as her inheritance?

From then on, my sister Ethel burned.

From our attic home at night that sunset

shone, but she could no longer

hold it in her brain.

It burned out together with Ethel

in the attic home with the slippery high steps.

Only her long black braids remained

among the white garments her mother prepared for her.

For twenty years her mother mourned for Ethel, twenty years:

the dead braid of hair became white,

until Berlin took pity on her, could no longer see or hear,

attacked—and quickly shot my mother's tears.

1972

פון מײַנער אַ רעדע

אויף אונדזערע ביינער, צעשטויבטע פון האָגלען און שלאַקסן,
עס װעלן, רבותי, קיין װערטער צום יום־טוב ניט װאַקסן.

זיי זענען שוין העט פון די ערדישע גרויע יאַרידן,
זיי זענען שוין פונקען פון זייערע אייגענע שמידן.

זיי זענען די פידלען געבוירן פוןביימער, די טענער
פון זייערע סטרונעס. די פידלען אַליין זענען שפּענער.

אומערדישע װערטער. זיי האָבן די זעלבע גורלות
פון זייערע זינגער אויף אַלע פּלאַנעטן פון גלות.

נאָר ס'טרייסלען די זינגער־אָן־ליפּן דער װעלטס פונדאַמענטן
און זידן װעט זייער געביין ביז אַ דור ביז אַ צענטן.

און ס'זענען די װערטער געװאָרן מלאכים, און יעדער
באַשיצט מיט אַ שװערד זייער זכר און דאַרף ניט קיין פעדער.

1971

From a Speech of Mine

Our bones, gentlemen, powdery with hail and rainstorms,
won't give rise to any holidays.

They're already far away from earth-gray carnivals,
they're already sparks from their own blacksmiths.

They're the fiddles born of trees, the voices
of their strings. The fiddles themselves are fragments.

Unearthly words. They meet the same fate
as their singers on all the planets of exile.

But these singers-without-mouths can shake the world's
    foundations:
their bones seethe from the first generation to the tenth.

And the words became angels, and each
protected their remnants with a sword, without the need
    for a pen.

                                                      1971

פֿאַרברענטע צײַט

האָב אויפֿגעוואַכט און—ס׳קלאַפּט מײַן גײַסט. אַ סימן: כ׳בין פֿאַראַן.
פֿאַראַן. בין דאָ. ווי לאַנג האָב איך געדרימלט?
איך ליג אַן אויסגעטרוימטער אויפֿן דעק פֿון אַ ווולקאַן.
ס׳איז גליִענדיקער חושך. אויבן הימלט.

ווי לאַנג האָב איך געדרימלט? כ׳הער אַ קול: „ס׳איז צײַט פֿאַרברענט,
און דו ביסט אַלץ נאָך זייגערדיק־טשיקאַווע.
ס׳איז צײַט אַ מענטשלעך וואָרט און לאַווע איז דײַן עלעמענט,
און אויך דײַן פֿרילינג, דײַן געליבטע—לאַווע".

פֿון לאַווע קנעט זיך אויס אַ פֿרוי אַ קענטלעכע ביז גאָר,
אַ ווונדיק־פֿרישער אויף איר ברוסט מײַן צייכן.
—ווי לאַנג פֿון קרעמאַטאָריע?
—שוין פֿאַרברענטע טויזנט יאָר.

און ביידע וויקלען מיר זיך צו די הייכן.

1971

Burned-up Time

I awoke—and my spirit pulsed. A sign: I'm present.
Present. I'm here. How long have I dozed?
I lie dreamed-out on the bottom of a volcano.
A gleaming darkness. Above, heaven heavens itself.

How long have I dozed? I hear a voice: "Time is burned up,
but you are still clock-curious.
Time is a human word and lava is your element,
your springtime, your beloved—lava."

Out of the lava a woman rises, entirely familiar,
my sign on her breast wound-fresh.
How long out of the crematorium?
Already a thousand burned-up years.

And both of us whirl up to the heights.

1971

צום ציניקער

אַרויסציִען פֿון זיך אַליין אַ סטרונע,
זי אָנציִען געצערטלט אויף אַ פֿידל
געהאַנגען שוין צוזאַמען מיטן שפּילער אויף אַ תּליה
און האָבן אויך אמונה
אין דער סטרונע
און שפּילן ווײַטער, צו פֿאַרלאַטען אין דער לופֿט אַ גוואַלדריס—
איז אויך אַ שטיקל נס אין דער טאָג־טעגלעכקייט,
ווי מיינסטו?

דערלויב מיר צו דערציילן ווער איך בין,
דו ווייסט עס ניט פֿון דאַנען ביז אַהין:
איך בין, איך בין, איך בין,
קאָלעגע ציניקער,
אַ ביניקער.

אַ ביניקער דאָס מיינט: איך בין אי הײַנטיק, אי אַלצײַטיק.
און אַנדערש ווי עס וויל דײַן קאַלענדאַר: אַ קורצער פֿרײַטיק.

מײַן קיניגרײַך פֿאַרמאָגט אַפֿילו ניט קיין שטיין, קיין אוהל,
צעאַקערט ביזן גרונט זײַן אַלטע הויקערדיקע מאַפּע.

To the Cynic

Drawing a string out of himself,
he strings it gently onto a fiddle
already hanging with its player on a gallows,
having faith
in the string
and playing on, in order to patch up a violent rip in the sky—
a bit of a miracle in our day-to-dayness,
don't you think?

Permit me to tell you who I am;
you don't know anything from there to here:
I am, I am, I am,
colleague cynic,
an I-Am-er.

An I-Am-er means: I am both today and of all time.
And not as your calendar would have it: a short Friday.

My kingdom doesn't even include a stone or a tent.
Its old humpbacked map is plowed into the ground.

און בלויז די גרויע וויסטעניש וועט אויסלייזן דעם גואל
פֿאַרדרעמלט אויף לבנה־ביינער פֿון זײַן ווײַסער שקאַפּע.

עס פֿאַלן בלעטער? ניין, עס פֿאַלן שטאַמען,
פֿאַרנייג זיך פֿאַרן פֿעניקס־פֿויגל אָן אַ נעסט. באַגריס אים.
אַ זינד איז הײַנט צו שרײַבן ווערטער, אָנצוסיליען גראַמען,
מע דאַרף הײַנט שרײַבן אין אַ ווינקל—נסים.

1971

Only this gray barrenness will redeem the redeemer
dozing on the moon-bones of his white mare.

The leaves are falling? No, stems are falling,
bow before the phoenix without a nest. Greet him.
It's a sin to write words today, to thread rhymes;
today, sitting in a corner, one must write miracles.

1971

איבערזיפּ

פֿאַראַן אַ זיפּ אַן אָדערן־געוועבטע,
קוים־געזעענע,
און כּלערליי פֿאַרשוינענע זיפּט זי איבער:
מאַטראָסן. קאַרליקעס אין צירק. מאַרשאַלן.
קלעזמאָרים. בעטלער. קעניגן. פּריזירער. אַדמיראַלן.
אַטלעטן. גאַסן־קערער. דאָן זשואַנען. פּראָקוראָרן.
אַליין־געזאַלבטע אויסלייזער, צו אַל די שוואַרצע יאָרן.

סע זיפּן דווקא זיך אַרויס די קאַרליקעס,
די דראָבנע,
און לויפֿן גליקלעכע אַהיים צו זייער האָרעוואַניע,
נאָר די וואָס בלײַבן אויבן, די געהויבענע קאָמפּאַניע,
די מאַכטיקע, די טראַכטיקע, די גדולים—
זיי ווערן אויסגעטרייסלט אויף אַ הינטישן בית־עולם.

1971

Sifting Through

There's a sieve woven of blood vessels,

barely visible,

although all sorts of personages sift through it:

Sailors. Circus midgets. Marshalls.

Klezmorim. Beggars. Kings. Hairdressers. Admirals.

Athletes. Street cleaners. Don Juans. Pimps.

Self-anointed redeemers, may a plague take them all!

It actually sifts out the midgets,

the tiny ones,

and they run happily home to their drudgery.

But those who remain above, the exalted company,

the powerful, the thinkers, the big shots—

they get dumped out in a dog's cemetery.

1971

געשריי אין דער נאַכט

איך הער אַ שרייַען.
ווער שרייַט עס? קין.
—איך בין שוין בלאָטע
און האָב חרטה.

נאָר ס׳ענטפערט מיט בליץ פון אַ וואָלקן
אַ קול אים:
—קין, ס׳איז ניט הבל־הבלים.

1971

A Cry in the Night

I hear a cry.
Who's crying? Cain.
—I'm dirt
and I'm sorry.

A cloud answers him with a voice
of lightning:
Cain, you have a dis-Abling vanity.

1971

דאָס איינציקע פענצטער

פירקאַנטיקע שײַן פון אַ פענצטער אויף נאַכטיקן שניי
און הינטערן פענצטער אַ מאַמע
וואָס וואַרט אויפן זון.

ס׳איז פינצטער די גאַנצענע שטאָט.
נאָר דאָס איינציקע פענצטער,
געשניטן פירקאַנטיק
אין אײַז פונעם חלל—
אַ שײַנטורעם איז פאַרן זון, פאַר זײַן זיכערן בלאָנדזשען.

און וואָס טוט אַ מאַמע?
זי בלעטערט אַ ספר
און לערנט פון אים:
ס׳זאָל זיך וויע צו וויע
און שורה צו שורה
ניט אויפגיסן
איידער עס קומט ניט דער זון.

דער וועלפישער זון האָט גאָר מורא פאַר פּײַער,
אַ לילית אין פינצטערניש—אָט איז דאָס פּײַער.

The Single Window

Square light from a window in night snow
and behind that window a mother
waits for her son.

The whole city is dark.
Only that window
cut square
in the ice of emptiness—
a lighthouse for her son, for his certain meanderings.

And what does a mother do?
She leafs through a book
and learns from it:
that eyelash to eyelash
and line to line
won't merge together
before her son returns.

The wolflike son is, of all things, afraid of fire,
a Lilith in darkness—that's fire.

פירקאַנטיקע וואַרעמע שײַן לאָזט אים קאַלט,
איר נאַקעטער שמייכל זײַן שאָטן באַפאַלט.

באַגינען. ער וואַקלט אַהיים. ס׳איז נאָך ליכטיק
דאָס איינציקע פענצטער. נאָר אים איז ניט וויכטיק...

דער זון איז שוין עלטער אַצינד פון דער מאַמען. ער בלאָנדזשעט
אַזוי ווי אַ מאָל. עס באַגלייט אים כּסדר
דער זעלביקער ייִנגל, אין וואָגלעניש איבער דער וועלט.

און ווּ האָט דער זון אין זײַן לאָקער און לויער
ניט איבערגעלאָזן פון זיך דעם קאַפּויער:
אין טיבער, אין סענע, אין טעמזע, אין גאַנגעס,
באַלאָרבערט געוואָרן און אָנגעטאָן האָט מען אים ראַנגעס,
געזוכט זײַנע נעכטיקע טעג אין האָנג־קאָנגן, פּאַריזן,
דועלן מיט ווינטמילן האָט ער געפירט און מיט קאַרליקעס־ריזן,
און מילך פון אַ טיגערין האָט ער געטרונקען אין דזשונגל
בײַם קיניג סאַמבוזע, אַ ווילע אַכסניה;

Square warm light leaves him cold,
her naked smile attacks his shadow.

Dawn. He staggers home. It's still light
in that single window. But it's not important to him . . .

The son is now older than his mother. He meanders
as he did before. In his wandering through the world
he's constantly accompanied by the same young boy.

And the son, in his lurking and lying in wait,
where has he not left part of his topsy-turvy self:
in the Tiber, the Seine, the Thames, in the Ganges,
he was crowned with laurel and they dressed him in stripes,
he looked for his yesterdays in Hong Kong, Paris,
dueled with windmills and with dwarf-giants,
and drank the milk of a tigress in the jungle
with king Sambooza, a hell of a tavern;

און ווי נאָר ס׳פּאַרפּירליכטל גיט אים אַ מאַניע,
וועלט־אויס און וועלט־אײַן—
באַגלייט אים די ווײַטקייט צו זיך,
צו דעם שטערן אין אים, צו דער נענטסטער.
נאָר ס׳פּעלט אים ווי אָטעם די וואַרעם־פּירקאַנטיקע שײַן
אויף נאַכטיקן שניי
פון אַן איינציקן
פענצטער——

1972

And wherever his guiding light beckons

in this world or that,

the distance leads him to her place,

to the star in him, to the nearest one.

But he misses that square light like breath itself,

that light in night snow

from that single

window—

1972

פול דער מילגרוים

THE FULL POMEGRANATE

פוןביידע עקן וועלט

א

פון ביידע עקן וועלט
מיר שוידערן און גאַפן:
צוויי שפּיגלען בלוי פון קעלט
און האַפן קעגן האַפן.

אַ שוועבעלע, ניט מער,
גענוג דו זאָלסט אַ ריב טאָן—
און ס'וועט זיך טרער־אין־טרער
משוגע אַ פאַרליב טאָן.

צעפאַלן זיך בײַם צונד
וועט אַלצדינג מיט אַנאַנדער.
אַזוי אין איין סעקונד
אַ צירק עס פאַלט פונאַנדער.

נאָר צו פיל האָסטו ליב
דײַן ליבשאַפט, זאָלסט דערלאַנגען
די שוועבעלע אַ ריב,
און אויס. און אַלץ פאַרגאַנגען.

From Both Ends of the Earth

1

From both ends of the earth
we shudder and gape in awe:
two mirrors blue with cold,
harbor opposite harbor.

A small match, no more—
enough for you to scratch it,
and teardrop will fall madly
in love with teardrop.

With this spark everything
will disintegrate.
Thus in one second
a circus folds up its tents.

But you love your love
too much to give
the match a scratch—
for then it blows out. And all disappears.

און איך אַליין דערשטיק
מײַן צונג פון קינאה, טאָמער
דערציילט זי פון מײַן גליק,
און אויס. דו ביסט ניטאָ מער.

פון ביידע עקן וועלט
איין גאָט האָט אונדז באַשאַפן:
צוויי שפיגלען בלוי פון קעלט
און האַפן קעגן האַפן.

And I myself choke on

my tongue in jealousy, lest

it should tell of my good fortune—

then it's gone. You don't exist any more.

From both ends of the earth

one god has made us:

two mirrors blue with cold

and harbor opposite harbor.

ב

פאַרשפּעטיק ניט. אַ שאָד. געציילטע רגעס
טרעט אָפּ דער ים צוריק, דו זאָלסט געפינען
זײַן אוצר אויף די אָפּגעשוימטע ברעגעס,
ווי מאָרגן־שטערן אינעם בלוי־באַגינען.

פאַרלויף אַנטקעגן ים די צײַן פון כוואַליע.
דער אוצר ווײנט פון פרייד. ניטאָ קיין באַלדן.
דערלאַנג זיך אויף זײַן פריידגעוויין אַ וואַליע,
אַניט פאַרשלינגט זי אים אין אירע פאַלדן.

איינמאָליק איז באַשערט אַזאַ נסיון,
געציילטע רגעס איז דער ים־זוים נאַקעט.
זײַן אוצר וויל דער ים בלויז **דיר** געטרויען,
דער פּערל פון זײַן האַרץ קול־דממה־דקהט.

אַ שיף גייט אונטער בלײַבט אַ טראָפּן בוימל,
פאַרשפּעטיקסטו — ניט בלײַבן וועט קיין סימן.
פאַרשפּעטיקט? ניין, דער טויט מעג בענטשן גומל:
דו האָסט אים שוין דעם אוצר. זינג אַ הימען.

1971

2

Don't be late. Too bad. In a few seconds
the sea retreats again, letting you find
its treasure on the foamy shore
like morning stars in the blue dawn.

Run ahead of the wave's teeth.
The treasure weeps with joy. Gone.
Reach out to her cry of joy,
otherwise the wave will swallow her up in its folds.

A temptation like this is meant to happen once.
The sea-edge is naked for just a few seconds.
The sea simply wants to entrust you with its treasure,
the pearl of its still-soft-voiced heart.

A ship sinks, leaving a drop of oil;
you're late, not a trace remains.
Late? No, death may pray a prayer of thanksgiving:
you're holding the treasure. Sing a hymn.

1971

הימען

דער פרילינג האָט אַרויסגעשנעלט זייַן פּראָפּן:
איך טרינק דייַן גוטס אַ טראָפּן נאָך אַ טראָפּן.

עס טרינקט אַזוי דעם רעגן אַ טאָפּאָליע —
אַ רעגן־בויגן איבער מעלאַנכאָליע.

ס׳איז ווייך דייַן שווייַגן, אויסצוקנעטן פּאָרמען,
און וואָס פאַרבאָטן אין גן־עדן, טאָר מען.

איך קוק אין זיך אַרייַן ווי דורך אַ פענצטער:
אַזוי פיל איכן. דייַנער איז דער נענטסטער.

אַצינד וועט אויך די לידערצייַט געבוירן,
אין שטיינער־מוסקלען הער איך יוירן, יוירן.

אַ חתונה זאָל זייַן ווו נאָר ס׳איז ליידיק,
און ליכטיקער פון טאָג די נאַכט און פריידיק.

ווי זון צעדריבלט שניי, די לעצטע קופּע,
צערינען זאָל דער טרויער בייַ דער חופּה.

Anthem

Spring has popped out its cork:
I drink your goodness drop by drop.

Like a poplar drinking the rain,
a rainbow over melancholy.

Your silence is soft enough to knead out images:
what is forbidden in paradise is allowed here.

I look into myself as though through a window:
So many selves. Yours is the closest.

And now the time of singing is born.
In stone muscles I hear the growing.

Let there be a wedding wherever it was empty,
the night brighter than the day and joyous.

As the sun melts the snow, the last pile,
let sorrow melt away under the wedding canopy.

עס מישן זיך צוויי פֿאַרבן, ס'ווערט אַ דריטע,
די דריטע איבער ביידע האָט די שליטה.

אַזוי צוויי איכן זאָלן זיך פֿאַרמישן,
זאָל צווישן הערצער מער ניט זײַן קיין צווישן.

און זאָל בײַ דער באַגעגעניש פֿון שטראָמען
פֿאַרשווינדן אויך פֿון ביידן זייער נאָמען.

1970

Two colors mix together and become a third,
the third will master both.

So shall our two selves mix together,
with no longer a between between their hearts.

And at the meeting of currents
let both names disappear.

1970

זומער־שפּרינקל

אַנטרונען שוין דער טאָג. אַוועק. פֿאַרפֿלויגן.
וווּהין? צי האָט ער פֿיס, צי האָט ער פֿליגל?
אַזאַ מין שאלה פֿאַסט זיך פֿאַר אַ קינד
און דו אַ קינד זײַן ביסט נאָך ניט דערוואַקסן.
(פֿון קלאָרקייט וועגן: ס׳איז געווענדט מײַן דו
צום עלטסטן איך פֿון אַלע מײַנע איכן).

אַנטרונען שוין דער טאָג. אַוועק. פֿאַרפֿלויגן.
אַרײַנגעקליבן האָט זיך אין זײַן חלל
אַ נײַער קוואַרטיראַנט, און אויפֿגעהאַנגען
אַ שטערנשילד אויף צוגעהאַקטער טיר:
זײַן צוקנדיקער נאָמען. בלויז דער נאָמען.

אַוועק דער טאָג. ס׳האָט ניט געקענט אַפֿילו
דער ים־הגדול אײַנהאַלטן ביז מאָרגן
די זון אין זײַנע שטראָמענדיקע אָרעמס.
די קלייניקע געליבטע זײַנע האָט

Freckle

The day has already disappeared. Gone. Flown away.
Where? Has it feet? Has it wings?
Such questions are fit only for a child
and you haven't grown enough to be a child (for the sake of
clarity: my you is directed to
the oldest self of all my selves).

The day has already disappeared. Gone. Flown away.
It has gathered a new tenant
into its niche and hung
a starsign on its closed door:
its fluttering name. Only the name.

The day is gone. Not even the Mediterranean
can hold the sun in its
streaming arms until tomorrow.
His small lover slipped away

אַרויסגעגליטשט זיך און געלאָזט דעם זקן
איר גילדענעם געלעכטער אויף די כוואַליעס.

נאָר דו — (מײַן דו איז איצט געווענדט ווי פריִער
צום עלטסטן איך פון אַלע מײַנע איכן)
ביסט מאַכטיקער פון ים: די גאַנצע זון
אַרײַנגעשווומען איז אין דײַנע אָדערן
צו נעכטיקן אין דיר. און זי וועט מאָרגן
אַרײַנקלײַבן זיך ווידער אינעם חלל
און איבערלאָזן אויף אַ נאָז
אַ נײַעם זומער־שפּרינקל.

1971

and left behind her golden laughter
on the billows for the old man.

Only you (my you is directed as before
to the oldest self of all my selves)
are mightier than the sea: the whole sun
has swum into your veins
to spend the night in you. And tomorrow
she'll move back into her niche again
and on your nose she'll leave behind
a new freckle.

1971

פּול דער מילגרוים

א

פּול דער מילגרוים. פּול מיט בליץ און כמאַרע,
פֿאַנצערדיק אין דרויסן אַ פֿאַרפֿרעסטער.
זעסטו ניט זײַן מוראדיקע מראה,
טרינקסטו ניט זײַן בליץ און כמאַרע, שוועסטער.

לאַווע זײַנע קערנדלעך. אַטאָמען
בראשיתדיק אַרויסגעיווירטע, איידער
ס'האָט די פּרי נאָך געהאַט אַ נאָמען:
אָקערשט איז נאָך וועלט אַרויס פֿון חדר.

פּול דער מילגרוים. יונג איז אים זײַן עלטער,
אַלט איז אים זײַן יונגשאַפֿט. ער האָטביידן
אינעווייניק אין זײַן פּולן קעלטער —
טויט און לעבן וויל זיך ניט צעשיידן.

פּול דער מילגרוים. שיכּור איז ער פֿונעם
ווײַן מיליאָנען־יאָריקן. דו ווערסט ניט
בייגן זיך פֿאַר אים ווי פֿאַר אַ ברונעם:
דרויסן איז אַ פֿאַנצער און דו זעסט ניט.

The Full Pomegranate

1

The pomegranate is full. Full of lightning and storm clouds,
sealed outside with armor.
If you don't see his frightening look,
you can't drink his lightning and storm clouds, sister.

His seeds are lava. Atoms
fermented Genesis-like, even
before the fruit had a name:
the world had just got out of school.

The pomegranate is full. His old age is young to him,
his youth is old to him. He's both,
inside his bursting winepress—
death-and-life doesn't want to part.

The pomegranate is full. He's drunk on
million-year-old wine. You can't
bend over him as over a well:
his armor is outside and you can't see it.

ב

און ווּ דו זאָלסט ניט וואַנדערן
און ווּ דו זאָלסט ניט ווּינען,
וואַנדערסטו אַרום אַ מילגרוים, שוועסטער,
ווינסטו אין מײַן מילגרוימשלייף
דעם זוניק אויפגעשניטענעם.

נאָך איידער ביסט געבוירן
האָסטו ערגעץ שוין געלייענט
אַ קאָסמישן אַנאָנס:
פֿאַראַן אַ צימער צו פֿאַרדינגען.

מײַן גאַס איז לענגער פֿון אַ ליכטיאָר,
ס׳פֿעלן ניט אין איר
פֿוןביידע זײַטן צימערן
מיט נעצן אויף די שוועלן.
אַרײַנגעקליבן האָסטו זיך
אין דעם וואָס האָט דיך ליב:
צו ווּינען אין מײַן מילגרוימשלייף
דעם זוניק אויפגעשניטענעם.

גראַניט אויף מײַנע וויִעס.
גרינע אייביקייט פֿון ערד.
און דו, מײַן פֿרילינג־טענצערין,
טאַנצסט ווײַטער
פֿאַרשיכּורט אין מײַן מילגרוימשלייף,
אַ ייִנגל צו דערפֿרייען.

2

Wherever you travel,
wherever you live,
you travel around a pomegranate, sister,
you live in my pomegranate-corner,
the sunny cut-open one.

Even before you were born
you had already read
a cosmic advertisement somewhere:
Room available for rent.

My street is longer than a light year,
there's no lack
of room on both sides
with nets on the doorsteps.
You moved into
that which loves you:
to live in my pomegranate-corner,
the sunny cut-open one.

Granite on my lashes.
The green eternity of earth.
And you, my springtime dancer,
you keep dancing,
drunk in my pomegranate-corner,
delighting a young boy.

באַגינען וועלן מענטשן זען און הייבן מיט די אַקסלען:
גערעטעוועטע ליפן זענען צוגעקושט צו מײַנע.
אַזוינס געדענקט ניט קיינער זינט עס האָבן מענטשן ליפן,
ס׳וועט זײַן אַ יום־טובדיקע שרעק, אַ ווּנדער אָן אַ מאַסקע.

עס וועלן עקסטרע וואָרקען אויף מײַן פענצטערגזימס די טויבן:
אַחוץ די אייגענע צוויי ליפן האָט ער אויך געירשנט
צוויי אַנדערע. מײַן מויל וועט זײַן פאַרזיגלט און פאַרשלאָסן
מיט קליינע צוגעקושטע ליפן אייגענער ווי מײַנע.

דער ווּנדער אָן אַ מאַסקע וועט געדויערן ביז אָוונט,
אַליין די זון זאָל זײַן אַן עדות, אַ באַגלייבטער עדות.
און וועט אַ שאָטן לייקענען—זי וועט אים פאַר די לאָקן
אַרײַנשלעפן אין ים און אי פאַרברערנען, אי דערטרינקען.

און דעמאָלט וועט אַראָפּרײַטן פון וואָלקנבאַרג אַ רעגן,
צוזאַמען מיט אַ בליץ אין גאָרטל אָניאָגן זײַן קרבן
און מיט אַ ברכה—מײַנע ליפן,צוויי מאָל צוויי, צעשנײַדן.
צוזאַמענמישן וועלן זיך די טיילן און די טראָפּנס.

3

At dawn people will see and shrug their shoulders:
rescued lips cover mine with kisses.
No one remembers such kisses since people had lips,
it will be a holiday-terror, a marvel without a mask.

The doves on my windowsill will coo more than before:
In addition to his own two lips he has inherited
two others. My mouth will be sealed and closed
with small kissed lips, more mine than mine.

The marvel without a mask will last until evening,
only the sun will be a witness, a believable witness.
And should a shadow deny it, she'll drag him by his hair
into the sea and cremate and drown him.

The rain will ride down from a cloudmountain,
pursuing its victim with lightning in its belt,
and, with a blessing, will cut apart—two times two—my lips.
The parts will be mixed with raindrops.

ד

מיר עסןביידע פונעם זעלבן גאָפּל
אַ שטיקל פֿײַער וואָס מע רופֿט עס גליק.
פֿאַר וואָס איז אויך די שרעק בײַביידן טאָפּל
און צווישן אונדז דער טײַך איז אָן אַ בריק?

פֿאַר וואָס איז פֿול די ערד מיט היילן, שפּאַלטן
און קראַטערס וווּ עס וווינט ניט קיין בעל־חי
און ס׳איז ניטאָ קיין אָרט זיך צו באַהאַלטן
פֿאַר מענטשנקינדער ווינציקער ווי דרײַ?

ס׳קאָן איינער דאָך ניט לאַכן אָנעם צווייטן,
פֿאַרהאַקט איז דאָס געלעכטער אויף אַ שלאָס.
פֿאַר וואָס קאָן ביידן קיינער ניט באַגלייטן
אַחוץ די קינאה פֿונעם גײַסט? פֿאַר וואָס?

4

From the same fork we both eat
the bit of fire they call ecstasy.
Why is terror double for both of us
and between us a river without a bridge?

Why is the earth full of caves, ravines,
and craters where no living creature lives
and there's no place to hide oneself
from fewer than three human children?

For one of them cannot laugh without the other;
laughter is deadlocked with a lock.
Why can nothing accompany the two of them
but jealousy of spirit? Why?

ה

דער זעלבער? ניין, עס בלאָנדזשען מײַנע פּנימער
און איך אַליין קאָן אויך זיי ניט דערקענען מער:
פלאַמהאָריקע, שנייאויגיקע און קאַרביקע,
צעשויבערטע ווי ווילדע געגדז און שטאַרביקע.
אָנגופּיקע—זיי הערן, זענען שפּירעוודיק,
פאַרהוילענע און רואה־ואינו־ניראהדיק.
און ווײַל זיי ציט אַן איינציקע באַשעפעניש,
איז נאָענט שוין די וווּנדערלעכע טרעפעניש:
אַ נאַכט פון בלויע קעפּ אין פּיראַמידן,
אַ מידבר־זאַמד פון אויסגעברענטע שבטים.

און דאָרטן, שוועסטער, בענטש איך ס׳לאַנד פון פרידן
און לייג צו דײַנע פיס מײַן לעצטן אָטעם.

1972—1971

5

The same one? No, my faces are wandering about, lost,
and I myself can't recognize them any more:
fiery-haired, snowy-eyed and dented,
disheveled like wild geese and dying.
Disembodied—they hear, are vulnerable,
hidden and seeing, but unseen.
And because they are drawn to a single creature,
a marvelous encounter is about to happen:
a night of blue heads in pyramids,
desert sand of burned-up tribes.

And there, sister, I bless the land of peace
and lay my last breath at your feet.

1971–1972

צירקמוזיק

צירקמוזיק. אַ מעשענע און בלישטשענדיקע שווערד
שנײַדט אַראָפּ אַ שותּפֿותדיקן אָנגעשפּיצטן אויער,
שנײַדט פֿונאַנדער צווישן לצים אויף דער העלפֿט אַ טויער.
איצטער הייבט זיך אָן, גייט אָן דער סאַמע ריטואַל:
בײַטשן קנאַלן. שלאָגן ווי פּאָנטאַנען.
אָנגעצונדן פֿונעם קנאַל נאָך קנאַל—
טרעטן, שפּאַנען
פֿערד. מיט רויטע זאָטלען פֿערדן זײַ צווייפֿיסיק
נעענטער צו מיר. די הערצער גלעקערן. און פֿריסיק
שלאָגט פֿון זייער אָטעם, פֿון די אויפֿגעפּראַלטע נעזער.
קיינער דאָ איז ניט אַזוי דערהויבן,
יום־טובדיקער, ווי די פֿערד מיט מיידל־קרוינען אויבן,
קיינער איז פֿון זײ ניט רעליגיעזער.

1972

Circus Music

Circus music. A shiny brass sword

cuts off a partnerlike sharp ear;

between the clowns it cuts apart a gate.

Now it begins, the actual ritual begins:

Whips crackle, beat like fountains.

Horses fired by crack

after crack

strut and step. On two legs, wearing red saddles, they edge

closer to me. Their hearts clang. Embers

pelt from their breath, from their flaring nostrils.

No one here is so exalted,

holidaylike, as the horses with their crowns of girls,

no one is more transcendent than they.

1972

פֿײַער־צײכנס

מיר האָבן זיך באַגעגנט
אויפֿן אַנדער זײַט פֿון ים.
די כוואַליעס האָבן זיך געאײַלט
ווי צו דער שחיטה קעלבער.

און זי האָט אויסגעשטרעקט צו מיר
גרינאָדערדיקע הענט
און קושן אָפּגעשיילט פֿון ליפֿן,
ווי מאַראַנצן־שאָלעכץ:
—איך וואָלט געשוווירן,
ביסט נאָך אַלץ דער זעלבער.

די כוואַליעס האָבן זיך געאײַלט
ווי צו דער שחיטה קעלבער
און אויפֿן ברעג האָט עמעץ זיי געקוילעט
אָן אַ ברכה.

און אַז עס האָבן זיך געצונדן
שויבן פֿון געוועלבער
און גאַסנלאָמפּן,

124

Fire-Signs

We met
on the other side of the sea.
The waves hurried ahead
like calves to the slaughter.

And she stretched out
her green-veined arms to me
and peeled kisses from her lips
like orange peels:
—I swear,
you're the same after all.

The waves hurried ahead
like calves to the slaughter
and on the shore someone slaughtered them
without so much as a prayer.

And as windowpanes from stores
began to light up,
and gas lamps

זעגנדיק פון שאָטנוואַלד זײַן קאָרע—
געלייענט האָב איך אין די פײַער־צייכנס:
—ביסט דער זעלבער,
דער זעלבער, זעלבער, זעלבער,
און שגעון איז דײַן שׂררה.

אַבי איך האָב געמיינט איך בין אַ צווייטער,
געמיינט איך בין שוין אויפן שפּיץ פון לייטער.
אַ ליגן. כ׳בין דער זעלבער. און אַ פּנים—
אין אַלע שפּיגלען איז געפעלשט מײַן פּנים...

1972

sawed the bark from the shadowwoods—

I read in the fire-signs:

you're the same,

the same, same, same,

and madness is your master.

All the while I had thought I was another,

believed I was already at the top of the ladder.

A lie. I'm the same. And facing the truth,

in all the mirrors my face is false . . .

1972

באלאדע

אַ פרוי איז געשפרונגען פון קאָסמישע דעכער
אַלץ װײַטער פון זיך. און ס׳האָט אונטן אין טאָל
אַ מאַן זיך געראַנגלט. אַ פרײַנד? אַ פאַרברעכער?
און תּפֿילה געטאָן מיט אַ חײשן קול.

עס האָבן זיך טרערן געגעבן סיגנאַלן
צי זאָלן זיי גנאָדיק פאַרנעמען זײַן שטים.
און זי האָט געלויכטן און זי איז געפֿאַלן
אַלץ װײַטער פון זיך און אַלץ נענטער צו אים.

1971

Ballad

A woman leaped from cosmic roofs
farther and farther from herself. And in the valley below
a man wrestled with himself. A friend? A criminal?
Prayed in a bestial voice.

Tears signaled each other
whether to listen to his voice with mercy.
And she gave forth light and fell
farther, farther from herself, and nearer, nearer to him.

1971

ליד וועגן טיי

פֿאַרבעטן האָט מיך צו אַ סעודה
אַן אַלטער פֿרײַנד. עס האָט זײַן הונט
באַגריסט מיך יום־טובדיק פֿון בודע
מיט נאַכט אין ווײַסע ציין. געזונט.

מײַן פֿרײַנד, באַלאָרבערט פֿון יאָרהונדערט,
פֿאַרזוכט האָט ניט פֿון רײַכן טיש,
און בלויז אַ גלעזל טיי באַוווּנדערט
און מיטן לעפֿעלע אַ מיש.

אין גלאָז — אַ שמייכלענדיקער פּענעץ,
אַ רעדל זוניקער ציטרין:
איז דורכזיכטיק אַזוי די גרענעץ
פֿון לעבן ביזן טויט, אַהין?

איך האָב דערהערט זײַן שטומע שאלה,
ווי טרער פֿאַרזיגלט אין קלאַוויש.
און דורכזיכטיק אין זעלבער ווײַלע
געוואָרן איז מײַן פֿרײַנד בײַם טיש.

1971

Poem about Tea

An old friend invited me
to a feast. His dog
greeted me festively from his doghouse,
clenching night in his white teeth. Heartily.

My friend, crowned by the century,
sampled nothing from his rich table,
just admired the glass of tea
and gave it a stir with his spoon.

In the glass—a smiling slice,
a small sunny lemon:
is the border between life and death
so transparent?

I heard the silent question
like a tear locked in a piano key.
At the same moment my friend at the table
became transparent.

1971

אַנטקעגן אומגעזעענעם

דערין באַשטייט מײַן טרייסט: כ׳וועל מן־הסתּם
פֿאַרבלײַבן לאַנג אין פֿאַנגנעץ פֿון דײַן אויג. עס וועט זיך אײַלן
אַ שיפֿעלע אויף שטראָם אין דײַנע אָדערן, צום ים
פֿון פֿרייד, וואָס אים צו מעסטן זענען קורץ די מײַלן.

פֿאַרבלײַבן וועל איך אין דײַן גראָזיק שווײַגן, ווען דו גייסט
אַנטקעגן אומגעזעענעם אַ טרעפֿל נאָך אַ טרעפֿל.
פֿאַרבלײַבן וועל איך, דאָס וועט זײַן מײַן טרייסט,
בײַם הונגעריקן ביס פֿון דײַנע ציין אין באַק פֿון עפּל.

געטרונקען האָב איך ליפּן־סודות פֿונעם רויטן מאָן,
עס האָבן גוססדיקע רעגנס מיר פֿאַרטרויט ווידויִים;
אַצינד ווען אין אַ שיפֿעלע מײַן גײַסט צו דיר קומט אָן—
צעשטורעם זיך און ביז די וואָלקנס ניט באַשער קיין רו אים.

1971

Facing the Unseen

Here's my consolation: I'll probably

stay captured in the web of your eye for a long time.

A sailboat in the stream of your veins will hurry

toward the sea of ecstacy, a distance too short to measure.

I'll stay in your grassy silence, while you

approach the unseen, step by tiny step.

I'll stay, that's my consolation,

with the hungry bite of your teeth in the apple's cheek.

I've drunk the lip-secrets of the red poppy;

dying rains confided their sins to me.

Now when my soul arrives in a little boat—

be stormy, high as the clouds, don't let him rest.

1971

אָרט און צײַט

אַרײַנגעפלויגן בין איך אין אַ פּולן אויטאָבוס:
אַ בינשטאָק אָן דער קעניגין. די בינען—
אויף מענטשן־לשון זשומען זיי. מיר שטייט ניט ביַי דער זכות:
אַן אָרט צו זיצן וועל איך ניט געפינען.

איז מילא, וועל איך הענגען ווײַטער צווישן דאָ און דאָרט,
מײַן קעמערל איז ניט אין בינשטאָק סײַ־ווי.
ס׳דערבאַרעמט זיך אַ מיידל און זי טרעט מיר אָפּ איר אָרט,
און זומער־שפּרינקלעך דעקן צו איר תּאווה.

פאַרקלעמט אין קלאַמערס און באַנומען הער איך מײַן גזר־דין,
עס וואַקסט מיר אויס אַ באָרד אַ קילאָמעטער.
כ׳וועל עלטער פון אַ קיזלשטיין אין וויסטעניש. איך בין
אַ שאָטן פון אַ בער. נאָר זאָג איר שפּעטער:

—דו קעניגין אין קורצן קלייד פון אַכצן יאָר, אַ דאַנק
פאַר געבן מיר דײַן אָרט און פאַרן ווייטיק,
דערשרעק זיך ניט אַצינד פאַר אַ משוגענעם געדאַנק:
איך לאָז דיר פרײַ מײַן צײַט, אויב דיר איז נייטיק.

1971

Place and Time

I dashed into a full bus:
a beehive without the queen. The bees
buzzed in human language. I won't stand on my laurels:
I can't find a place to sit.

Never mind, I'll go on hanging between here and there,
I have no cell in the beehive anyway.
A young woman takes pity on me and gives up her place;
freckles cover her lust.

Trapped in a vise and bewitched, I hear my sentence:
a beard a kilometer long grows out of me.
I become older than a flintstone in the wilderness. I am
a shadow of a bear. I'll say to her later:

You queen in a short dress, eighteen years old, thank you
for giving me your place and for your trouble,
now don't be afraid of my crazy thought:
I'll gladly give up some of my time, if you need it.

1971

אינספּירירט פון מוזיק

ליכטיאָרן האַלט איך אין פאַלן און פאַלן
כּדי צו דערגרייכן דעם שפּיץ פון אַ באַרג.
אַזוי פאַלט אַ שטערן. אויך **ער** איז אַ בעלן
ווי איך צו דערגרייכן דעם שפּיץ פון אַ באַרג.

פאָרויס אין גאַלאָפּ יאָגט מײַן האַנט מיט אַ פעדער
כּדי צו דערגרייכן דעם שפּיץ פון אַ באַרג.
עס בלײַבט אויף אַ וואָלקן מײַן האַנטשריפט. און סעדער
צעוויגן זיך צײַטיק אויף שפּיץ פון אַ באַרג.

פאַרזוכן די פּירות מיט ווילדער הנאה—
ניט איך, נאָר אַן אַנדערער וועט אויפן באַרג.
באַשערט איז מיר בלויז צו דערלאַנגען אַ ווויע
צעשניטן זאָל ווערן די שטומקייט פון באַרג.

און וואָס וועט געשען אַז איך וועל אים דערגרייכן,
און ווײַטער ניט קאָנען מער פאַלן צום באַרג?
דער בוים איבער מיר וועט אײַך געבן אַ צייכן,
אַז ביידע—מיר זענען שוין איינס אויפן באַרג.

1971

Inspired by Music

For light years I fall and fall
in order to reach the peak of a mountain.
As a star falls. It too is as eager
as I am to reach the mountain peak.

My hand gallops ahead with a pen
in order to reach the mountain peak.
My handwriting rests on a cloud. And orchards
sway to ripeness on the mountain peak.

Taste the fruit with wild delight—
I won't, but someone else on the mountain will.
I'm destined only to let out a howl
to shatter the silence of the mountain.

What will happen when I reach it
and can no longer fall toward the mountain?
The tree over me will give you a sign
that we two—are now one on the mountain.

1971

אין אַ כינעזישן געשעפט פון אַנטיקן

אויף רי מאָנסיע לע פּרענס אין פּאַריז,
אַ געסל אַ שמאָלס הינטער ברייטע געשוואָלענע בריקן,
צוגעצויגן האָט מיך אַ זונפלעק
צו אַ כינעזישן געשעפט פון אַנטיקן.
(אַזוי פּאַרמאַניעט אַ ווערעמל דעם העכט,
און אויבן דער פישער איז תּמיד גערעכט).

בייַנאַנד מיטן פלעק—
אַרייַנגעשווומען איז אויך דער קונה:
קלעפּיקער קאָליר פון אַ בוינע.
ווייַסע נייַגעריקע נעזער
צעקנייטשן אַ רגע די שויב און—אַוועק.
נאָך מיר קומט אַרייַן אַ כינעזער,
אַ מומיע איז קעגן אים אַן אַטלעט.
וויזאַווי כּישופט אַ צווייטער כינעזער,
און ס׳געשעט אַ וווּנדער, אַזוי געשעט:
איך פאַרשטיי
זייער לשון, פאַרשטיי זייער מינע,
עלעהיי
כ׳בין געבוירן געוואָרן אין כינע.

זאָגט די מומיע:
—אַ רויטע קאַץ איז מייַן פרייַנד און מייַן זייגער,

In a Chinese Antique Shop

On the Monsieur Le Prince in Paris,
a narrow little street behind wide swollen bridges,
a sunbeam drew me
to a Chinese antique shop
(so does a little worm lure a pike
while the fisherman above is always in the right).

Side by side with the sunbeam
the buyer swam inside the shop:
gluey color of a slaughterhouse.
White curious noses
press the windowpane for a moment and go away.
A Chinese entered after me,
compared to whom a mummy is an athlete.
Nearby a second Chinese does his magic
and a miracle happens, like this:
I understand
their language, understand their expression
as though
I had been born in China.

The mummy says:
a red cat is my friend and my clock,

אַ קוק אין די אויגן
און כ׳ווייס ווו איך האַלט.
מאָרגן וועט איך נײַן און נײַנציק,
די קינדער זאָגן: דער טאַטע איז אַלט.
זיי ווילן מיך, גנעדיקער מענטש, ניט האָבן,
וואַרטן שוין, וואַרטן מיך צו באַגראָבן
אַזוי ווי דו זעסט, אין מײַנע שמאַטעס
צווישן פערד־נבלות הינטערן שטאָט.

באַרויִקט אים דער בעל־הבית פון אַנטיקן:
—וואָלט מיך דאָס מזל געטאָן באַגליקן
צו זײַן דײַן זון,
אָנגעטאָן כ׳וואָלט דיר אַ בלוי־זײַדן העמד,
ווי דער נאַכטהימל איבערן מידבר גאָבי,
אויסגעפּוצט מיט קאָראַלן דײַן קבר
און דיך באַגראָבן אויף פּער־לאַשעז.

שמייכלט די מומיע:
—כ׳וויל ניט ליגן מיט פּער־לאַשעזער
נאָר צווישן מײַנע אָבות די כינעזער.
און ווײַל כ׳בין אָרעם און אַזוינס איז ניט מעגלעך—
צונויפגעבעטלט האָב איך טאָג־טעגלעך
אַ הויפן מטבעות. פֿאַרקויף מיר דערפֿאַר
אַ קעסטעלע פון העלפאַנדביין
די גרייס אַ פינגער. אַז איך וועל שטאַרבן—
שנײַד אָפּ פון מיר אַ פינגער, פֿאַרשליס אים
אין קעסטעלע, אין ביינערנעם אָרון,

I look in its eyes
and I know where I stand.
Tomorrow I'll be ninety-nine;
the children say: father is old.
They don't want to keep me, honorable sir,
they're already waiting, waiting to bury me
just as you see me, in my rags
among horse carcasses outside the city.

The proprietor of the antiques soothed him:
If only I had been lucky enough
to be your son,
I would dress you in a blue silk shirt
like the night sky over the Gobi desert,
ornament your grave with coral,
and bury you in Père-Lachaise.

The mummy smiles:
I don't want to lie with those corpses in the Père-Lachaise,
but among my ancestors the Chinese.
But since I'm poor and it's not possible,
I've begged day after day and collected
a handful of coins. Sell me
a little ivory box
as big as a finger. When I die,
cut off my finger, lock it
in the little box, in the bony casket

און שיק אים אַריבער צו מײַנע אָבות
אין דאָרף טשו־הי,
בײַם טײַך יאַנג־טסע
און כ׳וועל דיך בענטשן מיט שטיוב אויף די ליפּן.

ענטפערט אים דער בעל־הבית פון אַנטיקן:
—כ׳וואָלט גליקלעך זײַן דיך צו באַגליקן
מיט אַ קעסטעלע פון העלפאַנדביין
אַרײַנצוטאָן פון דיר אַ פינגער
און אים איבער־איבער־איבער־שיקן
צו אונדזער זיסער ערד
בײַם יאַנג־טסע.
נאָר ס׳דאַרף געדויערן, מײַן ליבער,
די שניצערײַ, די קונסטערײַ,
אַ חודש, צוויי, צי אפשר דרײַ.
און וואָס ביז דעמאָלט קאָן אונדז באַשערן
ווייסן מירביידע ניט מער פון דײַן קאַץ.
דעריבער
צעטייל די מטבעות דײַנע
די הפקר־טויבן בײַם נאָטרע־דאַם,
זיי זאָלן פליִען און קויפן אַרבעס.
און דו, מײַן האַר,
טו אַ תּפילה געוואַשן אין טרערן,
און זי וועט פליִען
און זי וועט ווערן
אַ קאַרשנבוים אין דאָרף טשו־הי,
און איבער די קאַרשן וועט לויכטן דײַן שטערן.

1971

and send it across to my ancestors

in the village of Chu-Hi

on the River Yangtze,

and I'll bless you with my dusty lips.

The proprietor of the antiques answers:

—I'd gladly make you happy

with a little ivory box

to put your finger in

and send it—and send it—and send it

to our sweet earth

by the Yangtze.

But it has to take time, my dear,

the carving, the art,

a month or two or perhaps three.

And what might happen to us before then

neither of us knows any more than your cat.

Therefore

divide your coins

among the stray pigeons by Notre Dame;

they'll then fly off and buy peas.

And you, my lord,

pray a prayer washed in tears

and it will fly

and it will become

a cherry tree in the village of Chu-Hi

and over the cherries your star will shine.

1971

בילדער־אויסשטעלונג פון משוגעים

די מאָלערס הינטער קראַטן, די נשמות הינטער קראַטן,
ווי לעמפּערטן אין חיות־גאָרטן, שיכּור פון דער קנעכטשאַפט
צו זיך אַליין, צו זייער דזשונגל־שׂרפה אין זכּרון.
באַגלייט פון קליינע רעוואָלווערן, שליסלען היעראָגליפישע,
מאַרשירן זיי דורך גרויע קאָרידאָרן
מיט אָפּקלאַנגען פון גלעקער.
געדולדיק וואַכן העמדער־פּאַסטקעס, רחמימדיקע נאָדלען
געלאָדענע מיט מאָרפיום. דריַי מאָל שטיל ווי פּאַר אַ שטילקייט.

נאָר דאָרטן,
אויף זייער בילדער־אויסשטעלונג אין שטאָט,
אין סאַמע צענטער—
אַ שׂימחה. אָפן טיר און טויער. נייַגעריקער, נענטער,
דערשׂטופּן זיך מיט כּאָרכלענדיקע רויזן דאַמען, הערן.
(איך זע די מאָלערס הינטער קראַטן. קליינע רעוואָלווערן).

„די חתונה פון פּייַערלעשער": ס׳ברענען חתן־כּלה
און קיינער איז ניטאָ צו לעשן. אויסגערונען אַלע——

„דער זעלבסטמערדער": עס פאַלט אַ טעלער פון אַ הויכן גאָרן.
(געדולדיק וואַכן העמדער־פּאַסטקעס. נאָדלען. קאָרידאָרן).

און אָט איז אויך „דער נייַער גאָט": אַ קאַץ מיט זיבן לאַפּקעס,

Lunatics' Art Exhibit

Painters behind bars, souls behind bars
like leopards in a zoo, drunk with their bondage
to themselves, to the junglefire in their memory.
Armed with small revolvers, hieroglyphic keys,
they march through gray corridors,
bells echoing.
Straitjackets wait patiently, merciful needles loaded
with morphine. Three times quieter than before a stillness.

But there
at their art exhibit in the city,
in the very center—
a celebration. Open door and gate. Curiouser, closer.
Women, men, shoving with rattling roses.
(I see the painters behind bars. Small revolvers.)

"The Wedding of the Fireman": Groom and bride are aflame
and no one there to put out the fire. Everyone trickles away—

"The Suicide": A plate falls out of an upper story.
(Straitjackets wait patiently. Needles. Corridors.)

And there's also "The New God": A cat with seven paws,

אַ בוריק־וויאָלעטע קאַץ, אַ שיכּורלעך פּאַרטראַכטע.
נאָר עמעץ פונעם פּובליקום איז מיטן בילד ניט מסכּים,
ס'דערלאַנגט אין מוח־וואָלקן אין צעדריבלטן אַ בליאַסק אים:
—אַ גאָט מיט זיבן לאַפּקעס? און אַוווּ איז דאָ די אַכטע?

פּאַריז, 5טן נאָוועמבער 1971

a beet-purple cat, drunkenly pensive.

But someone in the audience doesn't approve of the picture,

in his splintered braincloud a sudden flash

—A god with seven claws? Where's the eighth?

Paris, November 5, 1971

Chagall

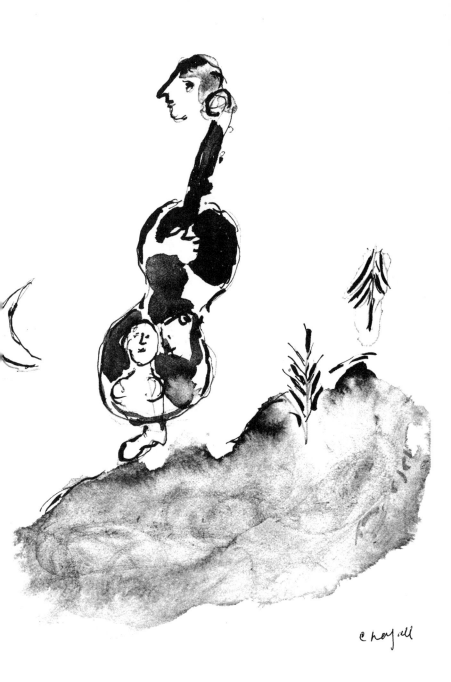

נאָך דער נסיעה

ס׳װערט ענגער צו װײנען
אין שטײַג פֿון די ריפֿן
און טונקעלער —
נאָך דער נסיעה.

ס׳װערט ענגער פֿון טױבן
באַהאַלטן אין גלעקער
װען טױבן־גרױ רעגנט.
באַהאַלטן פֿון עולם־השקר
װען טױבן־גרױ רעגנט.

ס׳װערט ענגער פֿון בילדער
אױף אײביקע תּליות
אין יענװעלטיק־לאַנגע מזוזיען;

ס׳װערט ענגער פֿון שװאַנען
אױף אָזערעס
צװישן װוּלקאַנען;

After the Journey

It's getting tighter to live
in this cage of ribs
and darker—
after the journey.

It's getting tighter because of doves
hidden in the bells
when it rains dove-gray.
Hidden from the false world
when it rains dove-gray.

It's getting tighter because of pictures
on eternal gallows
in otherworldly longtime museums;

It's getting tighter because of swans
on lakes
among volcanoes;

ס׳ווערט ענגער פון יוגנט־חברים
פאַרזיידעט, פאַרבאָבעט:
זענען זיי ייִנגלעך און מיידלעך געווען
פאַזע היימישן טײַך, צווישן זאַנגען?
פאַר וואָס ווערן קינדער געשלאָגן מיט זיקנה
און ס׳ווערן ניט אַלט
בײַ אַ פידל
די קלאַנגען?

ס׳ווערט ענגער פון זיסע אַטאָמישע ליבעס,
פון מאָרדן,
פון הענגענדיק לצישע צינגער,
וואָס הייסן גאָר פיאָרדן,
פון אַלטע בית־עלמינס מיט שנורן פון שקיעה
באַקרעלט.

ס׳ווערט ענגער און טונקעלער
נאָך דער נסיעה—
דײַן וועלט.

1971

It's getting tighter because of childhood friends

becoming grandfathers and grandmothers:

Were they once boys and girls

along the familiar river, among the cornstalks?

Why are children smitten with old age

while the sounds

of a fiddle

never age?

It's getting tighter because of sweet atomic loves,

because of murders,

because of foolish hanging tongues

called fjords, of all things,

because of old cemeteries adorned with garlands

of sunset.

It's getting tighter and darker—

your world—

after the journey.

1971

אין שענק ביים טישל

דער זעלבער אַשן־בעכער און די גליִענדיקע שפֿין
פֿאַרטײַעט אינעווייניק. נאָר דער מאַן וואָס איז געזעסן
ביים טישל און געוואָרפֿן אַש פֿון רויכיקן רובין —
איז אויסגעטאָן פֿון שענק. אים האָט דערעסן

דער אַשן־בעכער. זײַן סימבאָל.
אַוועק איז ער פֿאַרוואַנדלען זיך אַליין צוריק אין חומר.
ס׳איז אויך אַן אַשן־בעכער, נאָר די שענק איז דאָרט אַ טאָל,
פֿאַרגינען קאָנען זיך אַזוינס אַ גזלן און אַ טרוימער.

דער קעלנער ברענגט אַ שליוואָוויץ. איך בעט
בורגונדער פֿאַרן צווייטן. ער האָט ליב געהאַט בורגונדער.
דעם קעלנערס באַקנבאַרדן ווערן אַשיק־וויאַלעט —
נאָר מילא, אַז דאָס לאַנד איז פֿול מיט וווּנדער.

צוויי גלעזלעך קלאַפֿן זיך אין פֿלייצע. פּלוצעם גיט אַ צאַנק
אין שענק ביים טישל יענער שטאָאַמגאַסט. איך באַגריס אויף ס׳נײַ אים.
ער טרינקט מײַן שליוואָוויץ, און איך—בורגונדער, זײַן געטראַנק,
און אויך דער אַשן־בעכער זאָגט לחיים.

1971

At the Table in the Pub

The same ashtray and the glowing spider
hidden inside it. But the man who sat
at the table and flicked ash from his smoking ruby—
is gone from the pub. He's sick of

the ashtray. His symbol.
He's transformed himself back into matter.
It too is an ashtray, but the pub has become a valley;
only a killer and a dreamer can afford a thing like that.

The waiter brings a Slivovitz. I order
burgundy for the other one. He liked burgundy.
The waiter's whiskers become ash-violet,
but never mind, the land is full of marvels like this.

Two glasses pat each other on the back. Suddenly the same
customer greets me from the table in the pub. I return the
　　greeting.
He drinks my Slivovitz and I—burgundy, his drink,
and even the ashtray toasts "l'haim."

1971

געזאַמלט אוצרות

געזאַמלט האָב איך אוצרות און פֿאַרסודעט זיי אין סייפֿן,
חוץ מיר האָט קיינער ניט געוווּסט ווי עפֿענען דעם שלאָס.
און איצטער זאָג איך, עדות מײַנע קלאַפּעדיקע שלייפֿן:
—צוריק אַהיים, צום עלעמענט, און אויס מיט בעל־הבית.

אַרויסשווימען פֿון וואָרט־געלעגער "טײַך"—אַ טײַך זאָל האַסטיק
צוזאַמען מיטן מיידל אויפֿן דעק פֿון ראָזן פּליוש,
און זאָל זי לעבן אויף דער וואָר, אין וואָריקער פֿאַנטאַסטיק,
און זאָל צעשנײַדן ביזן ביין דער דימענט פֿון איר קוש.

צוריק זאָל ס'וואָרט "בעריאָזע" ווערן בוים אין וואַלד, בעריאָזע,
צוריק זאָל זיך פֿאַרוואַנדלען יעדער בילד אין זײַן מאָדעל.
"די רויטע קו פֿון זונפֿאַרגאַנג" זאָל ווידער ווערן פּראָזע
און "מעל פֿאַר דער נשמה"—ווערן שניי, ניטאָ קיין מעל.

צוריק אַהיים, צום עלעמענט, חלומות מײַנע, בילדער,
כ'באַפֿרײַ פֿון שטײַג אַ בליץ און זאָל ער ווײַזן וואָס ער קאָן.
און ווען עס וועט זיך אײַנשטילן די רו און דאָס געפּילדער—
זאָל אָנזאָגן די בשורה גאָר דער וועלט אַ נאַסער האָן.

1972

Collected Treasures

I've collected treasures and hidden them in a strongbox;
no one but me knows how to open the lock.
And now I declare, witness my pounding temples:
—Back home, back to the elemental, and to hell with being boss.

Let a river swim out impetuously from the word-bed "river,"
a river with a girl on a rosy plush blanket,
and let her live in reality, in the real fantastic
and let the diamond of her kiss cut to the bone.

Let the word "birch" become a tree in the wood again, birch tree,
let every image transform itself back to its original.
"The red cow of the sunset" would become prose again
and "flour for the soul" would become snow, not flour.

Back home, back to the elemental, my dreams, images—
I'll free lightning from its cage and let it show what it can do.
And when the silence and the noise become still,
a wet rooster will announce the news to the whole world.

1972

גן־עדן־ליד

און אַז מיר האָבן זיך געטיילט מיט אונדזער אָטעם אינעם
גן־עדן—טיילן מיר זיך מיט זײַן עפּל אויך: דו בײַסט
אַרײַן די ציין אין האַלבן רויטן, איך—אין האַלבן גרינעם,
דערווײַל נאָך קנאַפּ דערוואַרעמט פונעם זומער און זײַן גײַסט.

מיר טיילן זיך מיט אָטעם און מיט עפּל און מיט וווּנדן,
מיר טיילן זיך מיט איך און דו און האָבן ליב די שפּיל.
און דער וואָס האָט אונדז ווען געבענטשט, געשאָלטן און פאַרשווונדן ,
מקנא איז אונדז איצטער פון גן־עדנשן געהיל.

מקנא, וואָס ער האָט באַשאַפן ביידן אין זײַן פורעם
און מיר אַליין באַשאַפן, ווי אַ גאָלדשמיד פון זײַן גאָלד,
פון גליִענדיקער נאַכטמוזיק די איידלסטע יסורים,
צו טיילן זיך מיט זיי, ווי יעדער האָט פאַרויס געוואָלט.

מיר טיילן זיך מיט זיי און ווייסן, אַז די האַק פון העקער
וועט אויסהאַקן דעם בוים פון לעבן בלויז מיט אונדז בײַנאַנד.
מיר טיילן זיך און ווייסן, אַז די צײַט איז בלענד און שקר:
מוזיק איז צײַט. פאַראַן מוזיק. מיר קומען אין איר לאַנד...

1972

Garden-of-Eden Poem

And as we once shared each other's breath
in the Garden of Eden—we share His apple too: You bite
your teeth into the red half, I into the green half,
still not warmed by the summer and its essence.

We share our breath and the apple and our hurts,
we share the I and the you and love the game.
And He who once blessed us, cursed us, and disappeared,
now envies us from His Garden-of-Eden hiding place.

Jealous that He created both of us in His image
and that we ourselves create, like a goldsmith from gold,
the most delicate tortures from fiery nightmusic
to share with each other, as we each always wanted.

We share and know that the Axe of axes
will chop down the tree of life along with the two of us.
We share and know that time is blinding and false:
Music is time. Music is here. We're approaching her land . . .

1972

159

אַלף־בית פון צוויי און צוואַנציק פליגל

THE ALPHABET OF
TWENTY-TWO WINGS

ערדענע קלאַווישן

אָטעמען אַ האַלבע נאַכט מוזיק, שאָפּענס עטיודן,
אָטעמען אַ לאָנקע פון די ערדענע קלאַווישן.
זאָלן זיך פאַרוואַנדלען אין אַ רוחניות גרויע פּודן,
זאָלן פינגער סודען זיך ווי קנייטשן אין אַ קישן.

אָטעמען אַ שמייכל אַ געבוירענעם פון קלאַנגען,
טראָגן אים באַהאַלטן אויפן האַרץ ווי אַ קמיע.
אָטעמען אַ פרײַהייט וואָס האָט ליב צו זײַן געפאַנגען,
ווי אַ זומערווינט אין אָוונט צווישן אַן אַלעע.

אָטעמען, אוי, אָטעמען מוזיק, ניט וויסן וועמעס,
אפשר שפּילט אַזוי אין ים אַ כוואַליע פאַר דער צווייטער?
אפשר קלעטערט מען אַזוי צום אויסגעבענקטן אמת
איבער שטאַפּלען פון אַ שטערן־אָנגעלענטן לייטער?

ווערטער שמעלצן זיך בײַם גאָלדשמיד הינטער שלאָס און ריגל,
מאָרגן וועט זיך אויסגליִען אַ שווײַגשפּראַך אינעם פורעם.
אָטעמען דעם אַלף־בית פון צוויי און צוואַנציק פליגל
ס'ערשטע מאָל אַרויסגעפלויגן לערנען זיך בײַם שטורעם.

1972

Earthly Keys

Breathing music half the night, Chopin's Etudes,
Breathing a meadow of earthly keys.
Transforming gray pounds into something spiritual,
fingers must whisper to each other like the folds in a pillow.

Breathing a smile born of sounds,
Wearing it hidden in the heart like a charm,
Breathing a freedom which loves to be bound
like a summerwind in the evening on a tree-lined street:

Breathing, oh, breathing music, not to know whose,
perhaps as a wave plays in the sea with another wave.
Perhaps as someone climbs to a longed-for truth
on the steps of a star-leaning ladder.

A goldsmith smelts words behind lock and key:
tomorrow a silent language will glow in the form.
Breathing the alphabet of twenty-two wings
when they first fly forth to study the storm.

1972

גראָז און מענטש

א

און דער וואָס האָט באַשאַפֿן גראָז,
איז גראָז אַליין.
אַליין איז ער אַליין.
אַליין די עלנט.

און דער וואָס האָט באַשאַפֿן גראָז,
באַשאַפֿן האָט פֿאַר איין וועגס אויך
די האַנט פֿון די־אָ שורות.

איך האָב אים אויסגעפֿעלט
אין זײַן גענויער קאָמפּאָזיציע
צוזאַמען מיטן עלעקטראָן,
צוזאַמען מיטן אָדלער.

און אַז איך האָב שוין פֿרײַגעלאָזן "אָדלער"—
לאָמיר אויסדערצײלן:
טאַקע ער, דער פֿויגל־קיניג,
אַרויסגעשאָסן האָט פֿון זיך
לכבֿוד מיר אַ פֿעדער,
פֿאַראײביקן איך זאָל מיט איר
מײַן הײַנטיקע דערקענטעניש.

164

Grass and Man

A.

And he who created grass
is himself grass.
He himself is alone.
Loneliness alone.

And he who created grass
created at the same time
the hand writing these very lines.

He missed me
in his precise compositions
along with the electron,
along with the eagle.

And since I have already set "eagle" free—
let me confess:
It was really he, king of birds,
who let fly a quill
in my honor
so that I might make
today's revelation eternal.

ב

און דער וואָס רופֿט זיך מענטש,
אַנטקעגן איבער,
צווייפֿיסיק און איינקאָפּיק
(דאַנקען גאָט וואָס ניט פֿאַרקערט)
און שמייכל שיידט אים אונטער
פֿונעם דומם, פֿון די צמחים
און אַלינקע באַשעפֿענישן
אויף דער ערד און אויכעט
אין ים און איבער וואָלקנס
אָנגעטרונקענע מיט פֿײַער—
טאַקע ער איז מענטש,
דער בחיר־היצורים?

געזען האָב איך אַ שמייכל
בײַ אַ קאַרשנבוים
ווען אונטן
האָבן זיך געקושט
מיט ליפּן זויערלעך־אומצײַטיקע
צום ערשטן מאָל
צוויי קינדער,
און דער ווינט האָט מיטגעשמייכלט;

געזען האָב איך אַ שמייכל
אויפֿן פּנים פֿון אַ שוואַרצן
מירמלשטיין,
געבויגן אויף אַ בערגל,

B.

And he who calls himself a man,

on the other hand,

two-legged and one-headed

(not the opposite, thank God)

whose smile divides him

from the dumb animals, from the plants

and from all the creatures

on earth and furthermore

in the sea and above the clouds,

intoxicated with fire—

is man really

the paragon of beings?

I've seen a smile

on a cherry tree

when underneath it

two children

kissed each other

for the first time

with tart unripe lips,

and the wind smiled too.

I've seen a smile

on the face of black

marble

arched on a hill

אײַנגעשניטן
מיט שנײַדנדיקע אותיות,
ווי אין לײַב פון אַ מאַטראָס,
ווען פרויען־טרערן
האָבן זיי געוואַשן;

און כ׳האָב געזען אין מידבר קאַלאַהאַרי
אַ פּאַנטערע
אויסגעצויגן בײַ איר הייל.
דער בויך איז אײַנגעפאַלן,
אַז קוים איר אָטעם ציט אין אים אַרײַן
אַ נײַע כוואַליע:
אַרויסגעגנבעט האָט זיך נאָר־וואָס פון איר בויך
דער יורש
מיט שטראַלנדיקע לאַפּקעלעך
און וויל שוין זייגן, זייגן.
און ווי אַ רויז צעעפנט מילד
איר פויסטעלע באַגינען—
אַזוי דער מוטערס האַלבער שמייכל
צו איר נײַ געבוירנס.

אַצינד, נאָך אַלעם דעם,
ווי קאָן איך גלייבן,
אַז דער וואָס רופט זיך מענטש,
און מיטן שמייכל פאַר אַ סימן—

engraved

with chiseled letters

as on the body of a sailor

bathed by

women's tears.

And in the Kalahari desert I've seen

a panther

stretched out beside her cave.

Her belly was so collapsed

that her breath could barely

draw air into it:

and no sooner does her heir

with shining little paws

slip out from her belly

than it wants to suck, suck.

And as a rose gently opens

its small fist at dawn,

so was the mother's half smile

at her newborn.

Now, after all this,

how can I believe

that he who calls himself a man—

with a smile for proof—

טאַקע ער איז מענטש,
דער בחיר־היצורים?

ניט ער איז מיר געווען אַ טרייסט,
איך לייקן,
ווען כ׳האָב געזוכט אַ סם
אין איבערערדישע אַפּטייקן
ווערליק אַ רעצעפּט
געשריבן אויף אַ בלעטל חלום.

ניט ער האָט מיר אין גרוב געשאָנקען
צוויי און צוואַנציק פליגל,
אַריבערפלאַטערן איך זאָל מיט זיי
דעם ים־המוות.

איך האָב געזען מײַן אויסלייזער,
זײַן ווײַסע האַנט אין שטורעם——

אפשר איז גאָר ער
דער בחיר־היצורים?

1972

that man is really
the paragon of beings?

He was no consolation to me,
I deny it,
when I looked for a poison
in superearthly pharmacies
according to a prescription
written on the leaflet of a dream.

When I was in the pit it wasn't he who gave me
twenty-two wings
so that I could fly over
the sea of death.

I saw my deliverer,
His white hand in the storm—

Perhaps He is, after all,
the paragon of beings?

1972

באַשיימפּערלעך

ערשט היינט בין איך געוווּיר געוואָרן,
באַשיימפּערלעך געוווּיר געוואָרן
ווי רײַך ס'איז מײַן משפּחה:
אָט זענען זיי די ברידער מײַנע,
ברידער פיר אין צאָל,
מיט נעמען וועלטבאַרימטע:
מיזרח, מערב, צפון, דרום.
זיי האָבן אויך באַשיידענערע נעמען,
קאָנען הייסן
וואַנט, וואַנט, וואַנט, וואַנט
און אויכעט:
ברידערלעכע ווענט,
אין מערצאָל.

ערשט היינט בין איך געוווּיר געוואָרן
אַז איך האָב פיר ווענט
און איבער זיי — אַ ווײַסע קרוין
וואָס קאָרמעט זיי מיט שטראַלן.

זיי זענען אפשר גאָר מײַן סאַמע בעסטע,
וואָלט איך זאָגן,
פיר־שורהדיקע סטראָפע,

It's Obvious

Only today I found out,
found out—it's obvious—
how rich my family is:
here are my brothers,
my four brothers
with world-famous names:
East, West, North, South.
They also have more modest names,
they can be called
wall, wall, wall, wall
and also:
Brotherly Walls,
in the plural.

Only today I found out
that I have four walls
and over them a white crown
that feeds rays of light to them.

They're perhaps my very best,
I should say,
four-line stanzas,

אויסגעהאַמערט

פון שוויַיגעניש,

פון אייגעֶנעם רויטאָדערדיקן מירמל.

דערציילט האָט מיר אַן אַלטער אַרכיטעקט: בײַם בויען זײַנע

מאָדערנע הײַזער,

שטאָקן איבער שטאָקן,

בבל־טורעמס,

פאַרגלוסט האָט זיך אים אויסבויען אַ מויער

מיט קײַלעכדיקע צימערן, אַנשטאָט

פירקאַנטיקע, וווּ ס׳וווינען אַלע נאָבעלע פאַרשוינען.

איז וואָס געשען?

עס האָבן זיך די אײַנוווינער

ווי וועוועֶרקעס

גענומען דרייען אַרום זיך אַליין,

כּדי צו כאַפּן

די עקעלעך פון זייערע נשמות.

מ׳האָט דעם פאַל

באַטיטלט מעדיציניש אין די הויכע קאַבינעטן

"די קײַלעכדיקע משוגעת".

קיין ברירה ניט געוועזן:

צענומען האָט מען ריפנווייַז דעם בנין.

ערשט הײַנט בין איך געווויר געוואָרן

אַז אונטן איז ווי אויבן,

hammered

out of silence,

out of their own red-veined marble.

An old architect told me: in building his

modern houses,

story upon story,

Towers of Babel,

he would have liked to build a house

with round rooms instead

of square ones, where all the elite live.

What happened next?

The inhabitants,

like squirrels,

began to chase their tails

in order to catch

the little ends of their souls.

This case was called

by the highest medical authorities

"the round insanity."

There was no choice

but to seize the building by the ribs.

Only today I found out

that below is like above,

אַז דאָרטן ווּ כ׳וועל ווינען שפּעטער איז ווי דאָ—פּירוועניטיק,
ס׳האָט אויך די אייביקייט ניט ליב קיין קײַלעכדיקע משוגעתן.

און כ׳האָב די נײַס פֿאַרשריבן אין אַ פּינקס אייגנהענטיק
און אויסגעטאַנצט מײַן שׂימחה אין די אומעטיקע גאַסן.

1972

that there where I'll live later is like here—square:
eternity doesn't like round insanities either.

And I myself have inscribed this news in a book of records
and danced my delight in lonesome streets.

1972

chagall

וווּנדער

פאַר דב סדן

אַזוינס קאָן אויך געשען, אָן שאָדן,
זאָל זײַן ס׳איז ווונדער צי ראָמאַנטיק:
אַ יונגע שטילקייט קלאַפּט אין לאָדן,
די נאַכט אין צימער איז פּירקאַנטיק.

אויב **דאָס** איז ווונדער—איז אויך ווונדער
די וואָר פון ביידע זײַטן לאָדן.
איך ווייס, מײַן וואָר איז מער ווי ווונדער,
איך ווייס, מײַן חלום האָט אַ באָדן:

געזען אין חלום האָב איך דײַטלעך
אַ וואָרן קאַרשנבוים, באַלאָדן
מיט קאַרשן האַנטיק־נאָנט און—ווײַטלעך...
איז קלאָר, דער בוים פאַרמאָגט אַ באָדן.

און אויב ס׳איז ווינציק, אויב ס׳איז ווייניק—
אַצינד, בײַם אויפוואַכן באַגינען,
איך שלינג די קאַרשן צונגיק־צייניק
בײַם קאַרשנרויט פון די גאַרדינען.

כּדי איך זאָל זיך איבערצײַגן
ווי חלום לעבט מיט וואָר בשלום—
צעוויג איך אויף דער וואָר די צווײַגן,
אַרויסגעוואַקסענע פון חלום.

8טן יוני 1972

Miracle
for Dov Sadan

It can also happen like this, no harm done,

whether it's a miracle or romance:

a young silence knocks on the shutter,

the night inside the room is square.

If that's the miracle—a miracle is also

the reality on both sides of the shutter.

I know my reality is more than a miracle,

I know my dream is firmly grounded:

In a dream I've plainly seen

a real cherry tree, loaded

with cherries close at hand and higher up.

It's clear that the tree is firmly grounded.

And if that's not enough, if that's not sufficient—

now, waking up at dawn,

I tongue-teeth swallow the cherries

beside the cherry-red drapes.

To convince myself

that dream lives in peace with reality,

I shake the real branches

that grew out of my dream.

June 8, 1972

181

קאָמענטאַר צו אַ שורה

דאָס ניט־פּאַראַניקע איז דאָס שענסטע
(פּאָל וואַלערי)

קאָן זײַן דו ביסט גערעכט, אַזאַ דער פּלאַן פון זײַנע פּלענער:
דאָס ניט־פּאַראַניקע זאָל בלײַבן שענער
פון אַלץ וואָס איז ממשותדיק, פּאַראַניק.
בעיקר אַז אין יענער ניט־פּאַראַניקער מדינה
איז ניט פאַראַן שפּיטאָל און ראַק און שלאַק און טרייפע מינע,
איז ניט פאַראַן פאַרראַט מיט איילבערטבלעטל בײַ דײַן גאַניק,
איז ניט פאַראַן דער קאַניבאַל וואָס מענטשן רופן מלאך
און זײַן פּרנסה:
קינדער, זקנים שנײַדן מיט אַ קאָסע—

פון דעסטוועגן... איך בײַט ניט אויס די הי־וועלט מיט איר פּאַניק
אויף יענער, ווו פאַראַן דאָס ניט־פּאַראַניקע, דאָס וואָרע.
און ליבער פונעם ניט איז מיר דער שוידער וואָס פּאַראַניק,
און כ׳וועל דאָס ניט־פּאַראַניקע ניט געבן קיין עין־הרע.

ווי קינדווײַז מיטן שלײַדערער און שטיינדל וואָלט איך גערן
אַ שלײַדער טאָן אַ שטיינדל אין דער ניט־וועלט און איר שיינקייט.
איר קאַלטער פּלאַנעטאַריום אָן געלעכטער, קינאה, טרערן,
פאַרקלענערט מײַן הנאה און פאַרגרעסערט מײַן אַליינקייט.

1972

Commentary on a Line

The nonexistent is the most beautiful.
—Paul Valery

Perhaps you're right, his plan of plans goes like this:

the nonexistent must remain more beautiful

than everything that's tangible, present.

Particularly since in that nonexistent country

there's no hospital or cancer or stroke or contagion,

there's no treachery bearing an olive leaf to your porch,

there's no cannibal that people call angel,

pursuing his occupation:

cutting down children and old people with his scythe.

Nevertheless . . . I wouldn't exchange this world with its panic

for the one where the nonexistent exists, the real.

And dearer to me than the non- is the terror that does exist:

I won't give the nonexistent the evil eye.

Like a child with a slingshot and a pebble, I'd gladly

sling a pebble at the non-world and its beauty.

Its cold planetarium without laughter, envy, tears,

reduces my delight and increases my loneliness.

1972

דער גרויער בליק

אָפּגעגאָסן האָט זיך מיט אַ קאַלטן שווייס אַ רידל,
איצטער מעג ער שטייענדיקערהייט אַ ווײַלע רוען.
רויזן. רעדעס. רויזנרעדעס. אויס מיטן יאַרידל.
אַלע גייען זיך פונאַנד אַהיים, אויף ראַנדעוווּען.
ס'לעבן איז די נאָדל און דער טויט—איר גרינער פאָדעם,
גראָזן ווערן בגדים. צו זײַן ערדוויג אײַלט צוריק
סײַ דאָס קיניגל און סײַ דער קיניג דער בן־אָדם.
אַלע גייען זיך פונאַנד. וואָס בלײַבט? זײַן גרויער בליק.

ס'בלײַבט זײַן גרויער בליק, אים האָט קיין רידל ניט פאַרשאָטן—
אײַנגעוועבט געוואָרן אין שוואַרצאַפּל פון דײַן שאָטן.
דורכן פענצטער ווי אַ גנב קומט ער אין דײַן צימער,
בעת דײַן לויפן אין אַ רעגן פאַלט זײַן גרויער שימער.
קאָנסט אים אויך דערזען אין מעסער בײַם צעשנײַדן חלה,
אָדער פילן: אין דײַן אייגן האַרץ ער ווערט נתגלה.
ווען היט ער, סטראַשעט מיט נקמה און מיט קראַטן?
—דיך אַליין. דעם אָפּגעשיידטן זאָלסטו ניט פאַרראַטן.

1972

The Gray Look

The shovel, soaked with cold sweat,
may now rest awhile, standing.
Roses. Speeches. Rosespeeches. Away with the tumult.
They all go home separately to their rendezvous.
Life is the needle, and death its green thread—
grass becomes the clothing. Both the rabbit and the king,
the son of Adam, must each hurry back to his earthly cradle.
All depart. What remains? His gray look.

His gray look remains, no shovel has obscured it—
it's been woven into the pupil of your shadow.
It comes through the window of your room like a thief;
while you run away in the rain the grayness falls on you.
You can glimpse it in the knife when it slices the challah,
or feel it revealed in your own heart.
Whom does it guard, threaten with revenge, with prison bars?
You alone. Lest you betray the departed.

1972

הינטער די פֿאָרהאַנגען

שטילקייט, בײַס זיך אָפּ דײַן שטומע צונג און ווער אַנטשוויגן,
ליגן איז דײַן קיניגרײַך און דו אַליין ביסט ליגן:
ראַנגלעניש פֿון מענטש און טײַוול הייסט בײַ דיר אידיליע,
ווען ס׳איז אַ וועלט פֿאַרגאַנגען צאָלסטו אָפּ אַ ליליע.

רויִק איז דער ים, זײַן אָטעם שטײַפֿט די ברוסט פֿון זעגל,
הינטער ציטער־צאַרטער שלווה—הײַפֿיש. חיה. נעגל.
ס׳לאַכט דער טויזנט־אויגיקער אין שפּיגל פֿון אַ כוואַליע—
שטילקייט, ווען ווילסטו נאַרן? ענטפֿער, שטומע ליאַליע.

הינטער דײַנע פֿאָרהאַנגען פֿון לופֿט און בלוי און עטער
שושקען זיך די מאָרגנס ווי שעקספּירישע פֿאַרדעטער.
זאָלן שרײַען שאָטנס אויף אַ שוואַרצן לשון. זאָלן
פּגרן די זינגפֿייגל בײַ פֿענצטער פֿון שפּיטאָלן.

וועלן מענטשן זיך דערוואַרטן אויף דײַן גנאָד, אויף בעסערס?
אָפֿן איז מײַן חברס לײַב, אין לײַב מאַרשירן מעסערס.
ווײַסע פֿײַלן קאָברע־סם איז אין שפּיטאָל זײַן מאָלצײַט,
נאַכטיק אײַז פֿון פֿײַער דורכגעלעכערט—זײַן שפּיטאָלצײַט.

שלייער זיך אין זיבן וואָלקנס, טונקל אָדער בליאַסקע,
זאָל אַצינד מײַן שלײַערשטיין צעשפּליטערן דײַן מאַסקע.
ווען ווילסטו נאַרן, איבער ווענעס פֿײַן זיך קליגן?
שטילקייט, בײַס זיך אָפּ דײַן שטומע צונג און ווער אַנטשוויגן.

1971

Behind the Curtains

Silence, bite your silent tongue and shut up,
falsehood is your kingdom and you yourself are a lie:
you call the wrestling between man and devil an idyll,
you pay a lily to those whom the world has passed by.

The sea is serene, its breath stiffens the sail's breast,
but behind tingling-tender tranquility—a shark. Beast. Claw.
The thousand-eyed one laughs in the wave's mirror—
Silence, who are you fooling? Answer me, voiceless puppet.

Behind your curtains of air and blue and ether
tomorrows whisper like Shakespearean villains.
Let shadows shriek in their black language. Let songbirds
perish at hospital windows.

Will mankind live to see your mercy, to see better times?
My friend's body is open, knives march into it.
His food in the hospital: white arrows of cobra poison;
his hospital time: nightly ice punctuated by fire.

Veil yourself in seven clouds, dark or bright,
my slingshot will now split your mask.
Who are you fooling, whose pain do you rack your brains over?
Silence, bite your silent tongue and shut up.

1971

תּפֿילה פֿאַר אַ קראַנקן חבֿר

רשעים האָבן צו פֿיל כּוח,
געטנוג פֿאַר זיי די קראַפֿט פֿון האָזן.
איז קאָרמע אָן מיט גנאָד אַ שוואַכן,
אָט ליגט ער דאָך: האַלב מענטש האַלב ליילעך.

זײַן תּפֿילה בין איך. זײַנע ליפּן
פֿאַרלוירן האָבן שוין די ווערטער.
זיי זענען אויסגעריבטע מושלען
אָן ווידערקול, אָן זאַלץ, אָן פּערל.

ער דאַרף נאָך אָנצינדן אַ שורה
אין היכל פֿון זײַן טונקעלער קאַנורע.
ער דאַרף די יונגע קיניגין פֿון בינען
באַגלייטן צו דעם בין־שטערן באַגינען.

איך האָב געזען אַ פֿיש דערלאַנגען
אַ שפּרונג פֿון ים־האַרץ ביזן וואָלקן
און מיטשלעפּן מיט זיך דעם וואָלקן—
איז ווינציקער פֿון פֿיש מײַן חבֿר?

Prayer for a Sick Friend

The wicked have too much power,
it would be enough for them to have the strength of rabbits.
Feed the weak one with mercy,
for here he lies: half man, half bedsheet.

I'm his prayer. His lips
have already lost the words.
They're despoiled seashells
without echo, without salt, without pearls.

He still needs to light up a sentence
in the temple of his dark burrow.
He must accompany the young
queen of the bees to her be-starred dawn.

I've seen a fish leap
from the sea-heart to the clouds
and carry the clouds with him—
Is my friend less than a fish?

אַנשטאָט די קײַקעלעך די רויטע
און זײַנע אָדערן גאָר שווימען
רויטפּידעלעך פֿון דיר געמײַסטערט,
קיין צווייטער וועט אויף זיי ניט שפּילן.

ער דאַרף נאָך הערן ווי זײַן דפֿק
איז פֿרילינג־רעגן אין זײַן לײַב און לויפֿיק.
ער דאַרף נאָך זופּן חלום, שעפּן גלויבן,
און שפּעטן האַרבסט—פֿאַרקיטעווען די שויבן.

1972

Instead of little red circles

in his veins, red fiddles

are swimming, mastered by you—

no one else can play them.

He must still hear how his pulse

is spring-rain running in his body.

He must still sip dreams, keep faith,

and—in late fall—putty the windows.

1972

הויכע וויאָלאָנטשעלן

ניין, מיר וועלןביידע זיך ניט ענדיקן,
אונדזער אָנהייב איז נאָך היימיש־נאָנט.
מיר׳ן בלויז דעם גאַנג צו זיך פאַרענדיקן
און ס׳איז פריַי אַ נייַער האָריזאָנט.

ביידע וועלן ווידער זיך באַגעגענען
אין אַ שפּיגל: הינטער אים אין גראָז
וועלן הויכע וויאָלאָנטשעלן רעגענען
און דער שפּיגל וועט ניט זייַן פון גלאָז.

ניט פון גלאָז נאָר פון אַזאַ מין וועבעניש
קענטלעך און ממשותדיק ביז גאָר:
הינטער אים—אַ נייַע איבערלעבעניש,
און דער טויט וועט הענגען אויף אַ האָר.

איז דען מעגלעך אַז מיר זענען טעותן,
צופעליק איז אונדזער שענסטע שעה
און אַ בלינדער וואָרעם זאָל די שעה עסן,
בלייַבן זאָלן שערבלעך אויפן דנאָ?

ניין, מיר וועלן ביידע זיך באַגעגענען
ווי באַשערטע קלאַנגען אין אַ סטראָף.
הויכע וויאָלאָנטשעלן וועלן רעגענען
איבער ווייַסע וועלדער פון אין־סוף.

1972

Tall Violoncellos

No, we're not both coming to the end,
our beginning is still cozy-near.
We will simply complete the coming together
and find a new free horizon.

We'll both meet each other again
in a mirror: behind it in the grass
tall violoncellos will pour forth
and the mirror will not be of glass.

Not of glass but of a kind of weaving,
surprisingly familiar and tangible:
Behind it a new experience,
and death will hang by a hair.

Is it possible that we are mistakes,
that our loveliest hour is accidental,
and a blind worm will eat our hour,
leaving little scraps at the bottom?

No, we'll both meet each other
like inevitable sounds in a stanza.
Tall violoncellos will pour down
over the white forests of the infinite.

1972

דער פלעדערמענטש

לחיים, ברידער! ס׳האָט זיך אומגעקערט פון דער לבנה,
צוריק אַהיים, דער פלעדערמענטש. נאָר וואָס האָט ער, אַ שטייגער,
געבראַכט מיר פון יאַריד אַחוץ אַ שטיינדל מיט אַ חנדל?
כ׳האָב ליב די שטומע אײַנוווינער פון ערד און הימל—אמת,
(אָ, ריידעוודיקער זענען זיי ווי ס׳דאַכט זיך דעם בן־אָדם)
און ס׳פעלט מיר אויס אַזאַ לבנה־שטיין צו מײַן קאָלעקציע—
אַנטוישט האָט מיך פון דעסטוועגן דער פלעדערמענטש, דערשראָקן,
ווי כ׳וואָלט אַנשטאָט מײַן אַלט־באַקאַנטן פּנים, לאָמיר זאָגן,
דערזען אַ שיכּורן סקעלעט אין שפּליטער פון אַ שפּיגל.

פאַר וואָס אַזוי? איך בין אַוועק צום ים, צו דעם באַשיידער
פון רעטענישן, אויפקניפּער פון קנופּן, און אַ נאַכט
אַרומגעשפּאַנט אַ באָרוועסער אויף נאַסן זײַד פון זאַמדבערג
צערודערט פון געדאַנקען וועגן פלעדערמענטש. ביז וואַנען
אַן איינציקער פון מײַנע אַלע מאָנענדיקע פוסטריט
פאַרזיגלט איז געבליבן אויפן ברעג אַ ניט־פאַרשווענקטער
און כ׳האָב געהערט ווי ס׳רעדט צו מיר אויף זאַמד־לשון דער צייכן:
—דו פרעגסט פאַר וואָס? ווײַל האָסט געמיינט: ער ברענגט דיר פון די הייכן
דאָס וואָרט פון ריינעם פײַער וואָס דו קענסט צו אים ניט גרייכן
און ס׳האָט אים נאָך אין יאָמערטאָל ניט אָנגעשטעקט קיין ווירוס.

פאַרשרײַב עס לזכּרון אויף אַ ליכטיקן פּאַפּירוס.

1972

The Batman

Cheers, brothers! Batman has returned
back home from the moon. But what, for example, did he
bring me from the fair, only a pebble?
I love the silent inhabitants of earth and sky, really
(oh, they're more talkative than we humans think)
and I was missing a moonstone like this from my
    collection—
nevertheless the batman disappointed me, startled me,
as though instead of my old familiar face, so to speak,
I glimpsed a drunken skeleton in a mirror's splinter.

Why? I went off to the sea, to the solver
of riddles, the untier of knots, and strode barefoot at night
over the damp silk of the sandy shore
perturbed by thoughts about the batman. Until
a single one of all my demanding footsteps
remained sealed on an unflooded shore
and I heard how the print spoke to me in sand-language:
You ask why? Because you thought: he brought you
the word of pure fire from heights you can't reach
and no virus in the valley of lament had yet infected him.

Record this for remembrance on a bright papyrus.

1972

ספּעקטאַקל אויפֿן ים

זיי זענען הײַנט אַוועק צו דער פּרעמיערע אין טעאַטער,
און איך — צום ים. איך דאַרף ניט צום ספּעקטאַקל קיין בילעט.
אַ דריטער קלונג. צוויי אָדלערס גיבן רעכטס און לינקס אַ פלאַטער
מיט אָפּשײַן פֿון אַ שׂרפֿה אויף אַ נאָענטן פּלאַנעט.

...כ׳בין איינער אינעם זאַל. אַרום איז קיִלעכדיק און טונקל.
פֿאַראַן אַ פּאַלמע בײַ מײַן זײַט. זי קוקט ווי איך אַהין
אַוווּ עס הייבט זיך אָן די "שטיק", דעם וואַסערס קונקל־מונקל,
אַוווּ די זון זעט אויס אַ פֿליג פֿאַרשמאָלצן אין בורשטין.

מיט גאָפּל זיבן־צייִנערדיקן שווימט אַרויף אַ קאָלאָס:
אַ גרינער וואַסערפֿאַל זײַן באָרד. און מעשׂה דיריגענט
באַפֿעלט ער זײַנע מוזיקאַנטן, מיטשפּילער און סאָלאָס,
אַרײַנצײַען דעם שטורעמווינט און אָנשפּאַנען די הענט.

און באַץ! די וואַסער־מוזיקאַנטן שפּילן. זײַן אָרקעסטער —
ניט אַנדערש דער גיהנום האָט געשלײַדערט זיך אין ים.
וואָס ציטערסטו? ס׳איז בלויז אַזאַ ספּעקטאַקל, פּאַלמע שוועסטער,
אַ שטיל געוויין און קניִען וועט אַ דונער ווי אַ לאַם.

Spectacle at the Sea

Today they went to a premiere at the theater,
and I—to the sea. I didn't need a ticket for the show.
A third gong. Two eagles flutter left and right
in the glare of a conflagration on a neighboring planet.

I'm alone in my auditorium. Around me it's circular and
    dark.
There's a palm tree by my side. It looks with me toward
where the piece begins, the waters' stage business
where the sun looks like a fly dissolved in amber.

A colossus with a seven-tined fork swims up:
his beard is a green waterfall. And like a conductor
he directs his musicians, ensembles and solos,
to draw in the storm wind and ready their hands.

And boom! The water-musicians play. His orchestra—
nothing other than hell has flung itself into the sea.
Why are you trembling? It's only a show, sister palm tree,
a quiet wailing, and thunder will kneel like a lamb.

ס׳געווייִן איז דאָ. אַז וויל צו אים. אַ כוואַליע נאָך אַ כוואַליע
פון זשאַריקן גיהנום—שוין דערלאַנגט זיך אַ פּאַרלעש.
ניטאָ דער דיריגענט. זייַן גאָפּל. אויס די וואַקכאַנאַליע.
ניטאָ די שאַלטרומייטן און דאָס בליצנדיקע מעש.

און אויפן אָרט פון דיריגענט—אַ טענצערין. איר צאַפּל
איז פרייד און יוגנט. און ווי נאָענט אירע בריסט, אַ שפּאַן.
אָ, פּאַלמע שוועסטער, כ׳האָב זי ליב. זייַ מוחל וואָס איך פּלאַפּל,
כ׳וויל זאָגן: דאָ איז אויך דאָס אייביק־ווייַבלעכע פּאַראַן.

באַשייַמפּערלעך צו זען: זי טאַנצט פאַר מייַנעטוועגן. אירע
געבענטשטע מוסקלען—בלויז פאַר מיר. אַזוי האָט זי אַ מאָל
געטאַנצט אין וואַלד, פון וואַלד אין טייַך, אין אונדזער בלויער דירה,
פון טייַך—אין מיר, פון מיר—אין מיר, אין זעונג, אין סימבאָל.

אָ, פּאַלמע שוועסטער, קאָנסטו מיר די רעטעניש באַשיידן:
צווי טענצערינס אין מייַנע אויגן, וועמען האָב איך האָלט?
—האָסטביידן ליב. און ביידע זענען וואָר. און מער פון ביידן
איז וואָר די פרוי אין שוואַרצן קלייד. מער וואָר איז ניט געמאָלט.

There's the wailing. O good for him. Wave after wave
from the embers of hell, already starting to tamp down.
The conductor is gone. His fork. The orgy is over.
No more trumpets and blazing brass.

And in the conductor's place—a dancer. Her quivering
is joy and youth. And her breasts so near, a step away.
O sister palm tree, I'm in love with her. Pardon my babbling.
I want to say: here also is the eternal feminine.

It's plain to see: she's dancing for my sake. Her
lovely muscles—only for me. So did she once
dance in the forest, from the forest to the river, in our blue
     apartment,
from the river—into me, from me—into me, into vision,
     into symbol.

O sister palm tree, can you solve the riddle for me:
Two dancers in my eyes, which one do I choose?
—You love them both. And both are real. And more than either
the woman in the black dress is real. Nothing more real has
     ever been imagined.

פאַרלאָשן שוין די טענצערין. און אויף איר אָרט — אַ זקנה.
געבליבן בלויז איר שמייכל, ווי עס וואָלט איר זײַן אַ שאָד
איר כּלה־שלייער און זי האָט באַהאַלטן אים, די שיינע,
און אָקערשט אים אַרויסגעצויגן ווידער פון קאָמאָד.

פאַרלאָשן אויך די יונגע זקנה. אויף איר אָרט — אַן אָרון.
אַרויפגעטאָן אויף כוואַליע־אַקסלען ציט ער זיך צום ברעג.
באַלויכטן איז דער פּאָרט: ער שווימט אַרײַן אין מײַן זכּרון,
און דרײַ מאָל רײַכער איז אַצינד מײַן איינציקער פאַרמעג.

און ווידער — מיטן גאָפּל שווימט אַרויף דער זעלבער קאָלאָס:
אַ גרינער וואַסערפאַל זײַן באָרד. און מעשׂה דיריגענט
באַפעלט ער זײַנע מוזיקאַנטן, מיטשפּילער און סאָלאָס,
אַרײַנציִען דעם שטורעמווינט און אָנשפּאַנען די הענט.

1971

The dancer has faded away. And in her place—an old woman.
Only her smile remains, as though it would have been a shame
for her to wear out her lovely bridal veil, so she hid it,
and just now took it out of her dressing table.

The young old woman has also faded away. In her place—a coffin.
Carried on wave-shoulders, it approaches the shore.
The harbor is shining: it swims into my memory,
and now my only possession is three times more valuable.

Again—the same colossus swims up with his fork:
his beard is a green waterfall. And like a conductor
he directs his musicians, ensembles and solos,
to draw in the storm wind and ready their hands.

1971

דאָ וועט זײַן אַ וועג

״חברים, דאָ וועט זײַן אַ וועג״—אין מידבר האָבן אַלע
געצויגן מיט די אַקסלען און דער עלטסטער האָט געלאַכט:
״אַ זאַמדנזומפּ. אַ הענגענדיקע סקאַלע.
און עקדישן ווי שוואַרצע שטערן קריכן פון דער נאַכט.

און אַז די אָדלערין וועט מער איר יורש ניט געפינען—
איר שנאָבל וועט זיך מעסערן אַנטקעגן אונדזער האַלדז.
בײַנאַנד מיט איר וועט אויך אַראָפּ פון זינען
די אייביקע אָנפּנימדיקע לופט און ווערן זאַלץ״.

נאָר אַז דער וועג איז אויפגעגאַנגען ווי אַ טײַך, און טעגלעך
געצויגן האָט זיך איבער אים דער אויסגעבענקטער שטאָם,
האָט קלערן קיינער ניט געקענט, אַז מעגלעך
דער וועג זאָל זײַן ווו אַנדערש. אויך דער עלטסטער מן־הסתּם.

1971

There Will Be a Path Here

"Friends, there will be a path here"—in the desert all
shrugged their shoulders and the eldest laughed:
"A sandswamp. A hanging cliff.
And scorpions crawling out of the night like black stars.

And when the mother eagle can no longer find her offspring,
she'll sharpen her beak against our necks.
And with her the eternal faceless air
will lose its mind and turn to salt."

But as the path arose like a river, and day by day
the yearning tribe traveled over it,
no one thought it possible
that the path could go elsewhere. Probably not even the eldest.

1971

ליד וועגן היילן, געזונגען אין פינצטערניש

א

נידעריקער, נידעריקער, נידעריקער, און—
ס׳גלייבט זיך ניט: וואָס נידעריקער העכער.
וועמעס היילן צִיִען מיך, אין וואָס פּאַר אַ באַגרעבעניש,
אַז בײַם שוועבן אין דער נידער וואַקסט מײַן איבערלעבעניש
העכער, העכער, העכער?

פינצטערניש און פינצטערניש און פינצטערנישער, און—
ס׳גלייבט זיך ניט: וואָס פינצטערער אַלץ העלער.
וואָסער קוואַל האָט אויפגעלעבט אין אָדערן גראַניטענע,
אַז די שאָטנס גלִיִען פון זײַן שטראָם אַדורכגעשניטענע
וואָס אַ רגע העלער?

ב

איך האָב געשלאָסן קאַנטשאַפט מיט אַ טויטן,
געפונען רחמים בײַ אַ גוטער חיה.
איך האָב דערטאַפּט פון הינטער זיבן הויטן
דעם שׂונא פון מײַן פרייד אין זײַן פאַרטײַע.

איך האָב דערהערט אַ וואַסערפּליעסק אין רודער—
פון רודערער שוין אָפּגעשיידט אויף שטענדיק.
צום שפּיגל האָב איך זיך געווענדט: מײַן ברודער,
וואָס איך האָב אָנגעהויבן—דו פאַרענדיק.

Song about Caves, Sung in Darkness

1.

Lower, lower, lower, and—

it's hard to believe: lower is higher.

Whose caves lure me, in what kind of burial,

so that hovering down in the depths, my experience grows

higher, higher, higher?

Darkness and darkness and darkness, and—

it's hard to believe: the darker the lighter.

What spring has come to life in the granite's veins,

that the shadows glow, cut through by its rays,

growing lighter by the minute?

2.

I've become acquainted with a corpse,

found compassion in a good beast.

I've felt my way behind the seven skins

to the enemy of my joy in his hiding place.

I've heard the splash of the oar

as it separated forever from the rower.

I turned toward the mirror: my brother,

what I started, you finish.

איך האָב געזוכט, געפונען און פאַרלוירן,

אַ רעגן האָט אין מידבר מיך געבוירן.

און דאָ וווּ היילן ציִען מיך און שיילן

אַראָפּ פון זיך די פינצטערניש פון היילן,

אַנטפּלעקט זיך מײַן אַ מאָל פאַרלוירן פּנים,

וואָס איך האָב לאַנג אַרומגעוואַנדערט אָן אים.

עס פינטלען דאָ קדמוניותדיקע ביִנען,

און דאָ איז מיר דורך פינצטערניש באַשערט

צו נידערן אַלץ העכער און געפינען

אַן אַלטן רעגן־בויגן אין דער ערד.

ירושלים, תשרי תשל״ג

3.

I've searched, found, and lost;

rain gave birth to me in the desert.

And there where caves lure me and peel

off the darkness of caverns,

my once lost face is revealed,

the face without which I've long wandered.

Here primeval bees flash by,

and here I'm fated through darkness

to sink ever higher and find

an ancient rainbow in the earth.

Jerusalem Tishrei 5733 (1973)

שוואַרצע ווײַנטרויבן

שוואַרצע ווײַנטרויבן אין מידבר מערן זיך און מערן:
קלײנע קײַלעכדיקע נעכט.
ווערטער ווערן װײניקער.
אײַנגעפּאַסט אין ווײַנטרויבן אין שוואַרצע לויכטן שטערן,
ווײסן: ביסט געקומען אַ געבענטשטער, אַ הנני׳קער.

זענען עס די נעכט פון דײַן פאַרגאַנגעניש? אַ מורא
אײַנצוטונקען יונגן דאָרשט אין ווײַנטרויבן אַמאָליקע.
ס׳פּנים קער ניט אום. דו טאָרסט ניט זען די פּראַכט פון בורא.
נאָענט אָטעמען אין מידבר שטילקייטן בת־קוליקע.

1971

Black Grapes

Black grapes in the desert multiply and multiply:
small round nights.
Words become winier
set among black grapes, among glittering stars
who know: you come as a blessed one, a Here-I-am-er.

Are these the nights of your past? A fear
of immersing young thirst in bygone grapes.
Don't turn your face. You must not see the magnificence of
    your creator.
Oracular stillness breathes nearby in the desert.

1971

דאָרנביימלעך

THORNBUSHES

דאָרנביימלעך

א

דאָרנביימלעך אײַנגראַווירט אין מוסקלען פון גראַניט
צינדן זיך אין שוואַרצן פײַער פון דער נאַכט בײַם שטעגל
איינציקווײַז. און אויפן באַרג, בײַם הערן מײַנע טריט,
זענען זיי אַצינד מיט מיר צוזאַמען עולה־רגל.

דאָרנביימלעך. ס'האָבן סיני־וואַנדערער שוין לאַנג
זייער שײַן פֿאַרשטאָכן אין פּינקסים, אַלטע דרוקן.
כ'האָב געמיינט: אַ בלענדעניש, לעגענדעניש, אַ קלאַנג,
נאָר זיי צינדן זיך אין באַרג, באַרירן איז מסוכּן.

דאָרנביימלעך טרינקען זון ווי פייגל טרינקען טל.
זון־זון־זון. פון אויבן קומט זי און זי רופט אַלץ העכער.
יעדער דאָרנביימל ציט יניקה פון אַ שטראַל
אינעווייניק אין גראַניט, און ס'בליצן זײַנע שטעכער.

בלויז אין אליהוס הייל איז פינצטער. שטאָציק פאַלט
איבער איר אַ שטראָם אַרונטער פון דער זונס קאַסקאַדע.
נע־ונדיש האַרץ, אויך דו דײַן פינצטערניש באַהאַלט,
ביסט אַ דאָרנביימל מיט חלומות נע־ונדע.

Thornbushes

1.

Thornbushes engraved in muscles of granite
burst into flame beside the path one by one
in night's black fire. And hearing my footstep on the mountain,
they now make the pilgrimage with me.

Thornbushes. The Sinai-wanderers long ago
stitched their glory in volumes of records, old printings.
I had thought: a blindman's bluff, legendary, a rumor,
but they burst into flame on the mountain, dangerous to touch.

Thornbushes drink the sun as a bird drinks dew.
Sun-sun-sun. It comes from on high and calls ever higher.
Every thornbush draws nourishment from a ray of sun
inside the granite, and its thorns flash forth.

It's dark only in Elijah's cave: a stream deep down
from the sun's cascade falls steeply over it.
Wanderer-heart, you too hide your darkness,
you're a thornbush with homeless dreams.

זון־זון־זון. די דאָרנביימלעך הערנערדיק צעגליט
וואָלקענען אַ רגע און פֿאַרוואַנדלען זיך אין אותיות
איינגראַווירט אַלטבראַשיתדיק אין מוסקלען פֿון גראַניט;
אונטן ציטערט בלויער זאַמד ווי ליפּן ביי אַ גוסס.

דאָרנדיקער אַלף־בית, דערציייל אין וועלכן דור
האָבן מיר זיך ווו געזען, ווי ווייט איז דער מהלך?
איידער איך בין אויפגעגאַנגען אויף דער ערד? פֿאַר וואָר:
אפֿשר האָט פֿאַרגעסן מיר אַ שנעל צו טאָן מיין מלאך?

אפֿשר אותיות־פֿורחות פֿון אַ ברענענדיקן דף
זענען דאָרשטיק צוגעפֿאַלן דאָ צו זייער מקור?
דאָרנדיקער אַלף־בית, אַנטקעגן דיין באַשאַף
נישטיק און אָנצונגיק איז דער וואָרטמעסטער און טאָקער.

ווייסן ווייס איך, מיין געזאַלבטער, דאַרפֿסט נאָר טאָן אַ זאָג:
ליכט־זאָל־זיין!—און ס׳פּלייצט מיט ליכט; זאָל טונקלען!—און פֿאַרלאָשן
ווערן מעסערס פֿון גראַניט ביים אויפשניידן דעם טאָג;
זאָגסטו שטורעם!—קוילערט זיך זיין לייבנברומיק לשון.

2.

Sun-sun-sun. The thornbushes burn sharply, cloud over

for a moment and transform themselves into letters

engraved anciently in muscles of granite;

below, blue sand trembles like the lips of a dying man.

Thorny alphabet, tell me in what generation

we once saw each other, how far in the past?

Before I came on the earth? For truly:

perhaps my angel of forgetting forgot to pinch me.

Perhaps flowering letters from a burning page

thirst to fling themselves back on their source?

Thorny alphabet, compared to your creation

the word-measurer and turner is puny and tongueless.

I know, I know, my anointed one, you have only to say:

Let-there-be-light!—and it's flooded with light; let it be

    dark!—and the knives of granite

that cut open the day will be snuffed out;

say storm!—its lion-thundering tongue will roar.

ג

דאָ איז מיר באַשערט צו זען די שטילקייט דורך אַ טרער,
בליִען זאָל זי קאָנען פון דער פײַכטקייט און געדײַען.
אויג אויף אויג מיט שטילקייט און געהער צו איר געהער —
אָטעמען איז מיר באַשערט איר גליִענדיקן רעיון.

קינדהייט־ריח. אָנהייב פון מײַן אָנהייב, פון מײַן שטאַם.
אָדלער־שאָטן שלײַפט זײַן שוואַרצן מעסער אָן די סקאַלעס.
פײַער שפּרודלט אין אַ וואַדי, ערשטער שניי זײַן טעם,
קינדווײַז אויף אַ באַרג האָב איך געהאַט אַזאַ התגלות.

קינדווײַז אויף אַ באַרג מיט יאָרן דרײַ טויזנט צוריק?
יאָרן זענען טראָפּנס אין אַ וואַסער, צייל ניט וויפל.
כ׳האָב געלאָזן דאָ אַ מאָל אין זונגעוועב מײַן בליק,
כ׳האָב פאַרשריבן דאָ אַ מאָל אַ שורה מיט אַ גריפל.

איצטער וויל איך אויסטרינקען דעם גאַנצן אינדערפרי,
ווינציק איז מיר ליכט אַ נײַע שורה צו באַפליגלען.
עמעץ וויל ס׳זאָל פאַלן מײַן נשמה אויף די קני
איידער זי וועט אויפגיין שפּאָגל נײַ אין פײַכטע שפּיגלען.

3.

It's fated for me to watch the silence through a tear
that will bloom from the moisture and keep blooming.
Eye to eye with silence and listening to its listening,
I'm fated to breathe its dazzling thought.

Childhood smell. Beginning of my beginnings, of my origin.
An eagle-shadow sharpens its black knife on the cliffs.
Fire sputters in a wadi, its taste like first snow.
As a child on a mountain, I had such a revelation.

As a child on a mountain three thousand years ago?
Years are drops in the water, don't count how many.
I once left my vision there in a sunweb.
I once wrote a line there with a little slate pencil.

Now I want to drink the whole morning,
there's not much light to give wings to a new line.
Someone wants my soul to fall on its knees
before it rises brand-new in moist mirrors.

ד

פונעם באַרגשפּיץ זע איך: בלויער שטראָם. און אויף זײַן דנאָ—
ניט קיין פיש, נאָר וואָלקנדיקע מענטשנבײנער שווימען.
בלויע ניט־פאַראַניקייט. אַ וועלט וואָס איז ניטאָ
אינדזלט אין דער לופט. אַ נעכטן זוכט אין הײַנט זײַן סימן.

פונעם באַרגשפּיץ זע איך: דור־המידבר. אים איז קאַרג
זײַן זכּרון, לענגער צו פאַרגעסן איז אַ מורא.
דיונעס, בלויע מידבר־פליגל, ציִען אים צום באַרג,
דור־המידבר וויל מיט אים נאָך האָבן אַ דין־תּורה.

ס׳ציִען זיך אַזוי די כוואַליעס אין אַן אָקעאַן
צו אַ סטאַרטשענדיקן פעלדז, אַ וואַכנדיקן שומר.
איידער זיי באַלעגערן ווערט שוימיק זייער שפּאַן,
ס׳וויל זיך ניט דערבאַרעמען דער שומר און צעשוימער.

דור־המידבר בענקט ניט מער, איז ווײַט פון זיך אַליין,
בלויע ניט־פאַראַניקייט זײַן שׂינאה און זײַן אַהבה.
פונעם באַרגשפּיץ זע איך: איבער זאַמדיקן געביין
דענקמעלער פון לייבנקעפּ געגאָסענע אין לאַווע.

4.

From the mountaintop I see: a blue stream. And at the bottom
no fish swims, only cloudy human bones.
Blue not-here-ness. A world no longer there,
only islands in the air. Yesterday looks for its meaning in today.

From the mountaintop I see: a desert-generation. Its memory
is stingy, it's frightening to forget any longer.
Dunes, blue desert wings, draw it toward the mountain,
the desert-generation still wants its day in court.

Thus do the waves of the ocean reach out
toward a beetling cliff, a watchful guardian.
Before they attack, their thrust becomes foamy,
the rock and the foamer will have no pity.

The desert-generation no longer yearns, far from itself.
The blue not-here-ness is its hatred and its love.
From the mountaintop I see: over sandy bones
monuments of lionheads formed in lava.

ה

זכיה מייַנע, ביסטו מייַנע? כ׳האָב דיך ניט פֿאַרדינט,
סייַדן פֿאַר אַן אַנדערן איך פֿיל דאָ אויס די זכיה.
אפֿשר פֿאַר מייַן זיידן מיט דער ווייַסער באָרד אין ווינט,
אפֿשר פֿאַר מייַן גאַס אין פֿייַערטאַנץ בייַ דער ווילִיִע?

סייַדן מייַנע ליפּן זענען זייערע—פֿון גראָז,
מייַן געהער איז אָנגעשפּיצט פֿון טויטע צו אַ בּת־קול.
דאָרנביימלעך מייַנע, גיט זיך העלער אַ צעבלאָז,
לעבעדיקער זאָל פֿון אייַך אַרויסברומען מייַן גאַס־קול.

כ׳וועל זיך טיילן מיט מייַן זכיה, איטלעכן אַ טייל,
ווי חלקים ברויט פֿאַר אומגעזעטיקטע סקעלעטן.
ליכטיק איז די פֿינצטערניש אין אליהוס הייל,
מיטן פֿייַער־וואָגן־אָפּשייַן צווישן די פּלאַנעטן.

אָדלער־שאָטן אויף מייַן פּנים. ס׳טונקלען אין גראַניט
צוקנדיקע דאָרנביימלעך. זעונגען צעפֿאַלן
אויפֿן באַרגשפּיץ. נאָר איך נעם זיי מיט, איך נעם זיי מיט
ווו עס קייַקלט זון אין מידבר זודיקע קאָראַלן.

1971

5.

My honor, are you really mine? I didn't earn you,
unless I gained the honor for someone else.
Perhaps for my grandfather with his white beard in the wind,
perhaps for my street in its firedance beside the Vilye river.

Unless my lips are theirs—lips of grass,
unless my ears prick up like the dead to an oracular voice.
My thornbushes, fan your fire more brightly,
let my street-voice boom out more powerfully.

I'll divide my honor, a part to each,
like portions of bread for unsatisfied skeletons.
The darkness in Elijah's cave is illumined
by the fire-chariot reflecting among the planets.

Eagle-shadow on my face. Trembling thornbushes
darkening in granite. Visions crumble
on the mountaintop. But I take them with me, I take them
where the sun in the desert unrolls its flaming hot corals.

1971

Ruth Whitman is the recipient of a Senior Fulbright Writer-in-Residence Fellowship to Hebrew University in Jerusalem, a Rhode Island Council on the Arts Grant in Literature, a National Endowment for the Arts Creative Writing Grant, the Alice Fay di Castagnola Award from the Poetry Society of America, the Guinness International Poetry Award, The Kovner Award of the Jewish Book Council of America, seven fellowships to the MacDowell Colony, and two to Yaddo. She has read widely in the United States, England, Israel, and Egypt, and has been writer-in-residence at many universities and colleges. She currently teaches poetry at Radcliffe College and the Massachusetts Institute of Technology.

The manuscript was prepared for publication by Paulette Petrimoulx. The book was designed by Joanne Elkin Kinney. The typeface for the display is Cabaret. The typeface for the text is Palatino. The cloth edition is bound in Holliston Roxite C-Grade cloth.

Manufactured in the United States.

Abraham Sutzkever is the greatest modern Yiddish poet, celebrated internationally for his lyric genius and honored with many awards, both in Israel and abroad.

The Fiddle Rose, which appeared in Yiddish in 1974, is one of Sutzkever's major poetic achievements. Its overarching metaphor is the fiddle, symbolizing the poet and the music of poetry struggling to survive death, the Holocaust, and the pain and tragedy of the modern world. The book's astounding images are echoed in the surrealistic illustrations by Sutzkever's old friend Marc Chagall.

Sometimes profound and difficult, sometimes immediate and personal, the poems form a portrait of a man whose stature will be assured for generations.